DIE NOTSTANDSRECHTE IM DEUTSCHEN BÜRGERLICHEN GESETZBUCHE UND IHRE GESCHICHTLICHE ENTWICKELUNG

INAUGURAL-DISSERTATION

ZUR

ERLANGUNG DER DOKTORWÜRDE

GENEHMIGT

VON DER JURISTISCHEN FAKULTÄT

DER

KÖNIGLICHEN FRIEDRICH-WILHELMS-UNIVERSITÄT ZU BERLIN

UND

ZUGLEICH MIT DEN ANGEHÄNGTEN THESEN

ÖFFENTLICH ZU VERTEIDIGEN

AM SONNABEND, DEN 24. JULI 1897 1/2 2 UHR

VON

HEINRICH TITZE,

REFERENDAR AM KGL. AMTSGERICHT LEIPZIG.

OPPONENTEN:

HERR KAMMERGERICHTSREFERENDAR DR. BEHREND.
HERR KAMMERGERICHTSREFERENDAR JABLONSKI.
HERR DR. JUR. KARL NEUBECKER.

LEIPZIG,
VEIT & COMP.
1897.

Meinen lieben Eltern.

Inhalt.

Seite

1. Kapitel: Die Begriffe: Notwehr, Notstand, rechtswidrige Handlung im allgemeinen und ihre Bedeutung für das Privatrecht 1

2. Kapitel: Zur Geschichte der Notstandsrechte 37

3. Kapitel: Die Behandlung der Notstandsfälle im Deutschen Bürgerlichen Gesetzbuche 71

§ 1. Die Notwehr 72

§ 2. Der Notstand im engeren Sinne 98

§ 3. Die Selbsthilfe 120

Erstes Kapitel.

Die Begriffe: Notwehr, Notstand, rechtswidrige Handlung im allgemeinen und ihre Bedeutung für das Privatrecht.

I. Der Rechtsordnung gegenüber können die menschlichen Handlungen einen dreifachen Charakter haben: sie sind entweder rechtmässig, oder sie sind rechtswidrig, oder sie sind keines von beiden. Unter die letztere Kategorie fällt all das menschliche Thun und Lassen, das lediglich ein Ausfluss unserer natürlichen Bewegungsfreiheit und ein Gebrauchen der uns von der Natur verliehenen Fähigkeiten ist, deren Benutzung weder ein Verbot von seiten des Staates noch das Recht eines Anderen entgegensteht[1]): dahin gehört das Essen und das Trinken, das Schlafen und das Spazierengehen u. s. w. Es ist schwer, dieses Gebiet von menschlichen Handlungen in seiner rechtlichen Beziehung unter einem technischen Namen zusammenzufassen. Man könnte es als „rechtlich irrelevant" bezeichnen, wenn nicht dadurch der Anschein geweckt würde, als ob die hier in Frage stehenden Handlungen immer ohne rechtliche Wirkung sein müssten. Das ist aber keineswegs der Fall. Vielmehr geht der Abschluss eines Rechtsgeschäftes, der doch an sich weder etwas Rechtmässiges noch etwas Rechtswidriges ist, geradezu auf eine solche aus. Man könnte sie vielleicht „erlaubte Handlungen" nennen. Aber auch diese Bezeichnung ist in mehrfacher Hinsicht misslich. Einmal, weil dadurch der Gegensatz zur rechtmässigen Handlung nicht zum Ausdruck kommt[2]); zum andern, weil durch sie die Vorstellung hervor-

[1]) In diesem Sinne ist der viel umstrittene Satz der Motive zum B. G. B. II. S. 726: „Was nicht widerrechtlich ist, ist erlaubt", zweifellos richtig.

[2]) Dass er aber zum Ausdruck gebracht werden muss, wird sich weiter unten noch des öfteren ergeben. Vgl. auch Sjögren, „Zur Lehre von den

gerufen wird, als hätten diese Handlungen ebensogut verboten werden können: das ist aber nur bei einer geringen Anzahl von ihnen der Fall. Bei den meisten handelt es sich nicht nur um die Bethätigung einer uns von Natur zukommenden Freiheit, sondern vor allem auch um solche Verrichtungen des täglichen Lebens, ohne welche unsere physische Existenz ganz unmöglich wäre und die darum niemals untersagt werden können. Schliesslich haben die Ausdrücke ‚erlaubt" und „unerlaubt" in der Rechtssprache überhaupt immer etwas Abusives[3]): die Rechtsordnung teilt Rechte aus und stellt Pflichten auf[4]); aber von einer „Erlaubnis", die sie erteilt, kann man, ohne dem Worte mit Gewalt einen anderen Sinn unterzuschieben, als er im Leben hat, u. E. nur da sprechen, wo sie sich dieselbe

---

Formen des Unrechts und den Thatbeständen der Schadensstiftung" in Iherings Jahrbüchern für Dogmatik, Bd. 35, S. 382 f.

[3]) Obwohl letzterer Ausdruck selbst in die Gesetzbücher übergegangen ist und auch vom B. G. B. Buch II, 7. Abschnitt, 25. Titel des öfteren gebraucht wird. Entweder aber sagt er dasselbe, wie „rechtswidrige Handlung": dann ist er überflüssig. Oder er will daneben ein aliud bezeichnen, das indessen nicht existiert. Denn es giebt nicht neben der Rechtswidrigkeit noch eine besondere Unerlaubtheit. A. M. ist Wach, Gerichtssaal, Bd. 25, S. 413: „Die unsittliche That ist als solche im Staate nicht erlaubt und dennoch nicht verboten. Niemals befindet sie sich im Einklang mit dem positiven Willen des Staates". Letzteres ist möglich. Aber es handelt sich hier nicht darum, was der positive Wille des Staates, sondern was der positive Wille der Rechtsordnung ist. Beides ist nicht dasselbe. Die Aufgaben des ersteren gehen über die der letzteren hinaus. Die Rechtsordnung bringt ihren Willen klar und bestimmt nur in den einzelnen Rechtssätzen zum Ausdruck: ausserhalb derselben lässt sich kein Kriterium für den rechtlichen Charakter einer Handlung finden. Man könnte hier variieren: quod non est in paragraphis, non est in mundo. — Die ganze Sprödigkeit der Ausdrücke „erlaubt" und „unerlaubt" der Rechtssprache gegenüber zeigt sich in den Worten, welche dem citierten Ausspruche Wachs vorausgehen: „Erlaubt ist das Nicht-Verbotene nur insofern, als es einer rechtlichen Reaktion nicht ausgesetzt ist; nicht erlaubt insofern, als ihm die staatliche Anerkennung und der Staatsschutz mangelt". In der Litteratur werden denn die beiden Worte auch in verschiedenstem Sinne verwendet, so dass im einzelnen Falle nicht immer ganz leicht zu bestimmen ist, welche Art von Handlungen mit ihnen bezeichnet sein soll.

[4]) Diese Unterscheidung der Rechtssätze in gewährende und befehlende ist bekanntlich nicht unbestritten. Wir können indessen hier, wo es uns nur darum zu thun ist, einleitungsweise zu einigen Grundbegriffen Stellung zu nehmen, um einen festen Boden für die späteren Ausführungen zu gewinnen, auf diese Kontroverse ebenso wenig wie auf manche spätere näher eingehen. Wir halten in der Folge an jener Zweiteilung der Rechtssätze durchaus fest. Vgl. Sjögren, a. a. O. S. 363 ff. und die dort citierte Litteratur.

für einen einzelnen, speziellen Fall besonders vorbehält, was sie ja bisweilen aus bestimmten Gründen thut[5]).

Wir wollen darum jene Handlungen, die weder rechtmässig noch rechtswidrig sind, unter dem Namen der rechtlich freien Handlung zusammenfassen, obgleich wir uns der Mangelhaftigkeit auch dieses Ausdruckes wohl bewusst sind. Insbesondere heben wir noch einmal hervor, dass mit ihm nur die negative Thatsache gekennzeichnet sein soll, dass die betreffenden Handlungen keiner der beiden anderen Kategorien angehören; dass im übrigen aber die Möglichkeit einer rechtlichen Wirkung bei ihnen durchaus nicht geleugnet werden soll. Von dem schon gebrauchten Beispiel des Rechtsgeschäftes abgesehen, können sie unter anderem auch die Verpflichtung zum Schadensersatze nach sich ziehen[6]).

Im Gegensatz zur rechtlich freien verstehen wir unter der rechtmässigen Handlung diejenige menschliche Bethätigung, die sich als Ausfluss eines subjektiven Rechts, entweder eines Privatrechts oder eines öffentlichen Rechts darstellt: also z. B. den Gebrauch des Eigentums; das Geltendmachen einer Forderung von seiten des Gläubigers gegenüber dem Schuldner; die Ausübung der patria potestas; ebenso aber auch diejenige des Wahlrechts und die innerhalb seiner Befugnisse vorgenommene Amtshandlung eines Amtsträgers.

Unter rechtswidrigen Handlungen endlich begreifen wir, dem Wortlaute gemäss, diejenige, aber auch nur diejenige Handlung, die einem Rechte zuwiderläuft. Derartiger Rechte aber, die der Einzelne angreifen kann, giebt es zwei: die subjektiven Privatrechte Anderer und das subjektive Recht des Staates auf Gehorsam[7]). Die Ver-

---

[5]) Z. B. da, wo sie die Errichtung einer Anlage von besonderer Genehmigung abhängig macht: Gew. O. §§ 16 ff.; vgl. ferner daselbst die §§ 32 ff. Als „Erlaubnis" stellt sich auch die Dispensation von einem gesetzlichen Verbote dar, die für einen bestimmten Fall erteilt wird: z. B. B. G. B. §§ 1303 Abs. 2; 1312 Abs. 2; 1313 Abs. 2; 1321 jct. 1320 Abs. 1 u. s. w.

[6]) Man wird doch z. B. das Abgeben einer, aus irgend welchem Grunde nichtigen Willenserklärung, weder als eine rechtmässige, noch als eine rechtswidrige Handlung bezeichnen können. Sie verpflichtet aber nach § 122 des B. G. B. zum Schadensersatz. Ebenso unter Umständen der Fehler, den ich bei Eingehung eines Vertrages begehe (die gemeinrechtliche sogen. culpa in contrahendo). B. G. B. §§ 307, 309.

[7]) Dieser Begriff ist in dieser Anwendung unseres Wissens zuerst von Binding in die Wissenschaft eingeführt worden: „Die Normen und ihre Übertretung", Bd. I, 2. Aufl., S. 97 f. Für gewöhnlich spricht man hier von der Ver-

letzung jener stellt das civile und die Verletzung dieser das öffentliche Unrecht dar[8]).

Das subjektive Privatrecht ist entweder absoluter oder relativer Art. Auch die Verletzung des letzteren ist natürlich eine rechtswidrige Handlung[9]); sie unterscheidet sich aber von der Verletzung eines absoluten Rechtes dadurch, dass sie immer nur von einer bestimmten Person begangen werden kann: dem im einzelnen Falle obligatorisch Verpflichteten. Denn allen übrigen Menschen gegenüber hat dieses Recht keinerlei Wirkung[10]).

Der absoluten Privatrechte giebt es in jedem positiven Rechte nur eine geschlossene Anzahl. Es gehören hierher z. B. das Eigentum, die Rechte an fremder Sache und die immateriellen Güterrechte [Autor-, Erfinder-, Marken-, Namen-[11]), Firmen- und andere Verbietungsrechte[12])].[13]) Ob auch der Besitz dazu gezählt werden soll, ist bestritten[14]).

---

letzung „absoluter Verbots- oder Gebotsgesetze" (so die Motive zum B. G. B. II. S. 726). Mit Recht weist Binding darauf hin, dass das Gesetz einem unmittelbaren Angriff überhaupt entrückt ist; dass sich eine Rechtsverletzung immer nur wider subjektive Rechte wenden kann: a. a. O. S. 292 ff.

[8]) Über die Berechtigung dieser Unterscheidung, wie über den Grund der Wesensverschiedenheit des Unrechts herrscht ebenfalls lebhafter Streit. Wir können aber, ohne zu weit von unserem Thema abzuschweifen, auch auf diese Kontroverse nicht näher eingehen (sie hängt eng mit der Frage nach der Doppelnatur der Rechtssätze zusammen) und verweisen wiederum auf Sjögren, a. a. O.; ferner auf Binding, a. a. O. S 236—479; A. Merkel, Kriminalistische Abhandlungen I. S. 1—76. — Eine kurze Übersicht über den Standpunkt der Litteratur in dieser Kontroverse und die bisherigen Versuche der Lösung des Problems giebt Binding in seinem Grundriss des gemeinen deutschen Strafrechts I. 4. Aufl. S. 6 f.

[9]) Handlung selbstverständlich in dem Sinne verstanden, wonach sie auch die Unterlassung mit begreift.

[10]) Vgl. Motive II. S. 727 d. — Neuerdings nicht unbestritten.

[11]) B. G. B. § 12.

[12]) Siehe z. B. § 1 des Reichsgesetzes zur Bekämpfung des unlauteren Wettbewerbes vom 27. Mai 1896.

[13]) Siehe aber auch unten sub III a. E.

[14]) Aber man sollte ihm doch füglich die Rechtsnatur, zumal nach seiner Regelung im B. G. B. nicht mehr absprechen. Es ist zwar ein nur schwach geschütztes, in seinem Erwerbe an keine andere Voraussetzung als die Erlangung thatsächlicher Gewalt geknüpftes Recht; aber darum doch ein Recht, in das nach § 857 des B. G. B. (und ebenso schon nach § 367 A. L. R. I. 9 jct. §§ 49, 53 I. 7) sogar Universalsuccession möglich ist. Vgl. Fischer, Das Sachenrecht des E. B. G. (in der Guttentag'schen „Sammlung von Vorträgen" u. s. w.) S. 23. 25.

Nicht gehören zu den subjektiven Rechten diejenigen Güter, die uns allein von der Natur, oder jedenfalls nicht von der Rechtsordnung verliehen sind: das Leben, die Gesundheit, die Freiheit und die Ehre[15]). Man bezeichnet sie mit Rücksicht auf den intensiven rechtlichen Schutz, den sie geniessen, wohl am besten als Rechtsgüter[16]). Werden sie angegriffen oder verletzt, so wird das aber in der Regel die Entstehung subjektiver Rechte zur Folge haben. —

Die rechtswidrige Handlung, soweit sie sich nur als Verletzung eines subjektiven Privatrechts darstellt, ist als solche noch nicht „verboten". Diesen Charakter bekommt eine Handlung erst dann, wenn sie einem bestimmten absoluten Verbots- oder Gebotsgesetze zuwiderläuft[17]).

Diese letzteren Gesetze sind es, welche das Recht des Staates auf Gehorsam begründen. Nennen wir sie Normen, so stellt ihre

---

[15]) Auch dieses ist, wie ja bekannt, sehr bestritten; aber auch hier müssen wir uns leider ein näheres Eingehen auf die Streitfrage versagen. Vgl. Motive II. S. 728; ferner: Jung, „Delikt und Schadensverursachung. Ein Beitrag zur Lehre vom ausserkontraktlichen Schadensersatz" (Heidelberg 1897) S. 20 ff., 31 f., 121 ff.; Sjögren, a. a. O. S. 377 ff.; Binding, a. a. O. S. 338—353 und die dort citierte Litteratur; Merkel, Encyklopädie, §§ 154 ff.; Gierke, Deutsches Privatrecht, §§ 29, 82; Regelsberger, Pandekten, § 50; Windscheid, Pandekten I. § 39; Bekker, System des Pandektenrechts I. § 18. Die Stellungnahme in dieser Frage hängt natürlich in erster Linie von dem Begriffe des subjektiven Rechts ab, den die einzelnen Schriftsteller angenommen haben. Wir möchten es mit Sjögren definieren als „die Macht, welche vom objektiven Recht gegeben wird."

[16]) Zusammen mit den subjektiven Rechten machen sie das aus, was man bisweilen die „Rechtssphäre" des Einzelnen zu nennen pflegt.

[17]) A. M. scheint Binding zu sein, wenn er a. a. O. S. 303 sagt: „Die gesetzliche Schöpfung subjektiver Rechte bedeutet stets auch den Erlass ihrer Schutznorm" und S. 304: „Die sogen. dolose Vertragsverletzung enthält zweifellos ein Delikt in sich" (da er ja von Delikt immer nur bei Verletzung des staatlichen Gehorsamsrechtes redet). Indessen, wo ist die Norm, die allgemein dem Schuldner den Befehl erteilt, seinen Verpflichtungen nachzukommen, oder auch nur deren dolose Nichterfüllung untersagte? Wir vermögen sie nirgends zu finden. Der Staat hat auch gar kein Interesse daran, einen derartigen allgemeinen Befehl ergehen zu lassen. Es genügt, wenn er dem Gläubiger im einzelnen Falle zu seinem Rechte verhilft. Und das thut er mit Hilfe der Zwangsvollstreckung. Will er letztere und vielleicht noch andere Nachteile (Zinsen, Schadensersatz etc.) riskieren, so kann der Schuldner so säumig sein, wie er will. Vgl. S. 7. Hingegen sind einzelne bestimmte Arten der Vertragsverletzung und der Nichterfüllung obligatorischer Verbindlichkeiten allerdings von der Rechtsordnung verboten worden: vgl. z. B. Str. G. B. §§ 263, 266, 329; K. O. § 209.

Verletzung die Normenwidrigkeit dar; und das Gebiet der rechtswidrigen Handlungen würde sich hiernach einteilen lassen in die rechtswidrigen Handlungen im engeren Sinne, das sind die Verletzungen subjektiver Privatrechte und in die normenwidrigen oder die verbotenen Handlungen, das sind die Verletzungen des staatlichen Gehorsamsrechtes. Im Begriffe des Gehorsams liegt es eingeschlossen, dass die letzteren nur schuldhafter Weise, also nur vorsätzlich oder fahrlässig geschehen können[18]; während bei den ersteren auch von einer objektiven Rechtswidrigkeit gesprochen werden kann.

Welche Rechtssätze nun als absolute Verbots- und Gebotsgesetze zu betrachten sind, das ist eine Frage der Auslegung und kann nur aus dem Zweck und dem Inhalt der einzelnen Vorschrift geschlossen werden, indem untersucht wird, ob sie an erster Stelle ein Recht begründen oder eine Pflicht auferlegen will[19]. Ihre imperativische Form ist dabei an und für sich noch nicht ausschlaggebend[20].

Ein untrügliches Kennzeichen aber für den absoluten Verbotscharakter einer gesetzlichen Bestimmung ist die Strafdrohung, die auf den Fall ihrer Übertretung gesetzt ist: denn nur die verbotene Handlung kann mit Strafe belegt werden[21]. Hingegen muss sie diese Straffolge durchaus nicht immer haben. Sie kann sowohl besonderer Gründe wegen für einzelne Fälle ausgeschlossen[22], als auch vielleicht für eine Anzahl von Normen überhaupt nicht vorgesehen sein. Im letzteren Falle haben wir es mit leges imperfectae zu thun[23].

---

[18]) Darum stellt z. B. die weder vorsätzlich noch fahrlässig verursachte Tötung eines Menschen keine rechtswidrige, sondern eine rechtlich freie Handlung dar.

[19]) Vgl. oben Anm. 4; Binding, a. a. O. S. 117: „Im Gegensatz zu den Gewährungen, die entweder ausschliesslich oder an erster Stelle berechtigen wollen, ist die prinzipale Aufgabe der Normen Begründung einer Gehorsamspflicht“.

[20]) Ebenso Binding, a. a. O. S. 104: „Der Rechtssatz wird zum Befehl nur durch seinen sonstigen Inhalt. Ist dieser nicht Befehl, sondern Ermächtigung, so wandelt letztere durch die feierliche Gesetzessprache (das ita jus esto) ihre Natur wahrlich nicht in ein Verbot oder Gebot um“.

[21]) Natürlich bedeutet aber die Aufstellung eines Strafgesetzes immer auch zugleich das Verbot der dadurch pönalisierten Handlung. Vgl. Wach, a. a. O. S. 437, 440.

[22]) Z. B. Str. G. B. §§ 11, 12, 54, 247 Abs. 2, 257 Abs. 2.

[23]) Z. B. R.-Verf. Art. 32, H. G. B. Art. 28 ff, 69, 71 (s. aber auch Art. 84, Abs. 1 und K.O. §§ 209, 210, 214).

Immer aber muss sich das Verbots- oder Gebotsgesetz, sein Inhalt und sein Umfang, in bestimmter Weise aus dem positiven Rechte nachweisen lassen: finden wir also z. B., dass ein Strafgesetz nur die vorsätzliche Handlung mit Strafe bedroht, so reicht, wenn sich eine allgemeinere Fassung des Verbotes nicht anderswo nachweisen lässt, auch die Norm nicht weiter; die fahrlässige Handlung fällt dann, falls sie nicht wegen Verletzung eines subjektiven Rechtes zu einer rechtswidrigen wird, in das Gebiet der rechtlich freien Handlungen [24]). Eben dasselbe tritt ein, wenn die Rechtsordnung für eine grössere oder geringere Anzahl von Fällen ihr Gebot oder Verbot zurückziehen sollte.

Dies dürfte vielleicht auf den ersten Blick darum unrichtig erscheinen, weil derartige nicht strafbare, weil nicht normenwidrige Handlungen doch sehr häufig eine civilrechtliche Ersatzverbindlichkeit begründen. Indessen kann die Verpflichtung zum Schadensersatze nicht das Kriterium für das Verbotensein und somit für die Rechtswidrigkeit einer Handlung abgeben, da ja auch die rechtmässige Handlung in zahlreichen Fällen, und zwar schon nach geltendem Rechte, zum Schadensersatze verpflichtet [25]). Und in der That: inwiefern macht sich z. B. derjenige einer „rechtswidrigen" Handlung schuldig, „der einem anderen in einer gegen die guten Sitten verstossenden Weise vorsätzlich Schaden zufügt" (§ 826 des B. G. B.)?

---

[24]) Vgl. Motive zum B. G. B. II. S. 726: „Wird nur die vorsätzliche Handlung mit Strafe bedroht, so kann die nur fahrlässige Handlung auf Grund des in dem Strafgesetz enthaltenen Verbots nicht als widerrechtlich angesehen werden; unbeschadet der Bedeutung anderer Umstände". A. M. ist bekanntlich Binding Er fasst den Begriff der Norm viel weiter und allgemeiner. Vgl. a. a. O. S. 57 f., S. 80. Gegen ihn wendet sich u. E. mit Recht Wach, a. a. O. S. 435 f. Er leugnet, dass es allgemeine Normen z. B. gegen kulposen Incest, gegen fahrlässige Kindesabtreibung, gegen fahrlässige Freiheitsberaubung u. s. w. giebt. Hingegen kennt auch er trotz Str. G. B. § 303 ein allgemeines, also auch das fahrlässige Handeln mit umfassendes Verbot der Sachbeschädigung; und zwar findet er es aufgestellt im Privatrecht. Wir können indessen auch letzteres nicht zugeben. Das Civilrecht knüpft zwar an die kulpose Sachbeschädigung die Verpflichtung zum Schadensersatz. Aber dadurch wird diese noch nicht zu einer verbotenen Handlung. Darüber das Nähere sogleich.

[25]) Wie Rudolf Merkel in dem noch öfters zu citierenden Werke „Die Kollision rechtmässiger Interessen und die Schadensersatzpflicht bei rechtmässigen Handlungen" (Strassburg 1895) in überzeugender Weise dargethan hat. Vgl. auch v. Tuhr, „Der Notstand im Civilrecht" (Heidelberg 1888) S. 117.

Ein subjektives Recht braucht er ja durchaus nicht zu verletzen [26]; und „verboten" (oder „unerlaubt") ist diese Handlung doch in keiner Weise [27]: es darf sie sich ja jeder gestatten, der die Folgen der Ersatzpflicht auf sich nimmt [28]. —

Es liegt hier weiter nichts vor als ein Thatbestand, an welchen das Gesetz die Verpflichtung zum Schadensersatze geknüpft hat [29]. Im übrigen kann die Handlung eine rechtlich völlig freie, ja sogar eine rechtmässige sein [30]; eine rechtswidrige Handlung liegt erst dann vor, wenn dem Ersatzanspruche, der durch sie für den Geschädigten entstanden ist, nicht Genüge gethan wird. —

Weiter nichts, als solche Thatbestände stellen alle die Paragraphen des Bürgerlichen Gesetzbuches dar, die es unter dem gemeinsamen Namen der unerlaubten Handlungen zusammenfasst und in denen es das weite und wichtige Gebiet des ausserkontraktlichen Schadensersatzes regelt. Die hier erwähnten Handlungen können rechtswidrige sein und sind es thatsächlich in den weitaus meisten Fällen; aber dann ist das nicht eine Folge dieses Titels des Bürgerlichen Gesetzbuches, sondern der Thatsache, dass sie entweder subjektive Rechte verletzen oder Normen zuwiderlaufen, die ausserhalb unseres Civilgesetzbuches zu finden sind [31].

---

[26]) Man denke z. B. an den Fall des fr. 8 de dolo malo 4, 3.

[27]) Die Motive II. S. 726 sprechen allerdings auch hier von einer „widerrechtlichen Handlung"; aber zu Unrecht. Der Entwurf 1. Lesung sagte in § 705: „als widerrechtlich gilt" auch die kraft der allgemeinen Freiheit an sich erlaubte Handlung, wenn etc., und deutete damit wohl selbst an, dass diese Handlungen eben keine widerrechtlichen sind, sondern in ihren Wirkungen nur wie jene behandelt werden sollen. Vgl. auch Degenkolb, „Der spezifische Inhalt des Schadensersatzes" im Archiv f. civilist. Praxis, Bd. 76, S. 73 f.

[28]) Man wende nicht ein: mit demselben Rechte könnte man sagen, jeder dürfe delinquieren, der die Folgen der Strafe auf sich nimmt. Das würde eine falsche Grundauffassung von dem Wesen der Strafe verraten.

[29]) Damit berühren wir allerdings die Frage nach der Kausalität der Rechtsfolgen, die wiederum Gegenstand des Streites ist: vgl. Sjögren in dem ersten Teil der schon citierten Abhandlung (S. 344—357) und Jung, a. a. O. S. 68—74.

[30]) Man vergleiche die Fassung des jetzigen § 826 des B. G. B. mit dem § 810 der Reichstagsvorlage und dazu Greiff in Conrads Jahrbüchern für Nationalökonomie und Statistik, Bd. 60, S. 247.

[31]) Dass man hier immer von unerlaubten Handlungen spricht, ist wohl nur die Folge einer petitio principii: weil nach den Anforderungen der Gerechtigkeit in den hier in Frage stehenden Fällen eine Schadensersatzpflicht anerkannt werden muss, diese ausserhalb der Kontrakte nach der bis noch vor

Diese Behauptung bedarf indessen de lege lata noch insofern eines Beweises, als ihr positive Bestimmungen des Gesetzbuches entgegenzustehen scheinen.

Zunächst könnte man nämlich meinen, das absolute Verbot, demzufolge alle die hierhergehörigen Handlungen zu rechtswidrigen würden, sei eben dadurch erlassen, dass das B. G. B. sie alle unter der Überschrift „Unerlaubte Handlungen" zusammengefasst habe[32]). Dagegen ist leicht zu erwidern: erstens sind Titelüberschriften nicht Gesetzesinhalt und haben infolgedessen auch keine Gesetzeskraft. Zweitens haben wir schon oben darauf hingewiesen, dass den Ausdrücken „erlaubt" und „unerlaubt" eine technische Bedeutung in der Rechtssprache überhaupt nicht zukommt. Drittens aber lässt sich aus dem Gesetze selbst erweisen, dass es nicht im entferntesten daran gedacht hat, in diesem Abschnitt einen Katalog von verbotenen Handlungen zusammenzustellen. Denn es zählt hier Dinge auf, die nicht bloss keine „unerlaubten", sondern überhaupt keine Handlungen im Rechtssinne sind. So lautet z. B. der § 833: „Wird durch ein Tier ein Mensch getötet, oder der Körper oder die Gesundheit eines Menschen verletzt, oder eine Sache beschädigt, so ist derjenige, der das Tier hält, verpflichtet, dem Verletzten den daraus entstehenden Schaden zu ersetzen". Hier ist von einer Handlung überhaupt keine Rede mehr, sondern nur noch von dem Thatbestande eines erlittenen Schadens. Ebendasselbe gilt vom § 835, der den Wildschaden regelt. —

Aber wenigstens für des Gebiet des § 823 scheint sich der notwendig rechtswidrige Charakter der schädigenden Handlung aus der

---

kurzem herrschenden Ansicht nur auf Delikt gegründet werden kann, darum müssen diese Handlungen eben „Delikte" oder „unerlaubt" oder „widerrechtlich" sein. — Für die Frage nach der Schadensersatzpflicht ist aber die Thatsache, dass die schädigende Handlung eine verbotene gewesen ist, vollkommen gleichgültig. Ihre Berücksichtigung würde eine unwürdige Abhängigkeit des Privatrechts vom Strafrecht bedeuten. Ersteres hat es nur mit zweierlei zu thun: mit dem factum, dass durch die Thätigkeit eines Menschen schädigend in die Rechtssphäre eines anderen eingegriffen worden ist, und der Frage, soll jener dafür verantwortlich gemacht werden? Vgl. hierzu vor allem Binding, a. a. O. S. 433—479 und die dort citierte Litteratur; und ferner Rudolf Merkel, a. a. O. S. 112.

[32]) Der Ausdruck wird dann wiederum gebraucht in den §§ 830, 840 Abs. 1, 848, 852, 853, 992.

Fassung der Paragraphen selbst zu ergeben[33]). Und zwar aus doppeltem Grunde: einmal weil nach der Meinung des B. G. B. diejenigen Interessen, welche vom Rechte geschützt werden, sich schon um dieses Schutzes willen zu subjektiven Rechten „zu verdichten“[34]) scheinen (argum.: Leben, Körper, Gesundheit, Freiheit „oder sonstiges Recht“), so dass ihre Verletzung selbstverständlich eine Rechtswidrigkeit involviert, und zweitens, weil die Widerrechtlichkeit der schädigenden Handlung im ersten Absatz des Paragraphen geradezu als Voraussetzung der Schadensersatzpflicht gedacht zu sein scheint.

Indessen beides ist nicht richtig. Das B. G. B. identifiziert keineswegs die rechtlich geschützten Interessen und die subjektiven Rechte. Das geht zur Genüge daraus hervor, dass es im zweiten Absatz unseres Paragraphen selbst jene in Gegensatz stellt zu diesen. Leugnet man diesen Gegensatz de lege lata, dann würde der ganze zweite Teil des § 823 überflüssig sein[35]), da sich die sämtlichen hierher gehörigen Fälle, unter „das sonstige Recht eines anderen“, somit unter Absatz 1 subsumieren liessen. Andrerseits werden durch Hinzufügung des Absatzes 2 das Leben, der Körper, die Gesundheit u. s. w. doppelt geschützt, während die Frage, wo nun eigentlich die Grenze läuft zwischen dem Recht und dem rechtlich geschützten Interesse, vom B. G. B. offen gelassen wird. Und gerade hierin liegt der Beweis, dass das B. G. B. einen eigenen bestimmten Begriff des subjektiven Rechts nicht angenommen hat. Dadurch verliert aber auch jene exemplifizierende Aufzählung, in der Leben, Gesundheit, Freiheit, Eigentum und sonstiges Recht zusammen genannt werden, jede verbindliche Bedeutung. —

Und was nun schliesslich jenes Erfordernis der Widerrechtlichkeit angeht, von dem § 823 Abs. 1 die Verpflichtung zum Ersatz des

---

[33]) Der § 823 lautet: „Wer vorsätzlich oder fahrlässig das Leben, den Körper, die Gesundheit, die Freiheit, das Eigentum oder ein sonstiges Recht eines Anderen widerrechtlich verletzt, ist dem Anderen zum Ersatze des daraus entstehenden Schadens verpflichtet. — Die gleiche Verpflichtung trifft denjenigen, welcher gegen ein den Schutz eines Anderen bezweckendes Gesetz verstösst. Ist nach dem Inhalte des Gesetzes ein Verstoss gegen dieses auch ohne Verschulden möglich, so tritt die Ersatzpflicht nur im Falle des Verschuldens ein.

[34]) Rümelin, „Die Gründe der Schadenszurechnung und die Stellung des deutschen B. G. B. zur objektiven Schadensersatzpflicht“ (Freiburg 1896) S. 37.

[35]) Wie dies thatsächlich die Meinung von Jung zu sein scheint (a. a. O. S. 15, Anm. 40); u. E. aber zu Unrecht.

angerichteten Schadens abhängig machen soll, so meinen wir, dass mit diesem „widerrechtlich“ vom Gesetzbuche etwas rein Negatives, nämlich nur die Thatsache gefordert wird, dass der Betreffende zu der schädigenden Handlung kein Recht gehabt habe[36]. Wir sind der Ansicht, dass der Gesetzgeber jeden hat ersatzpflichtig machen wollen, der vorsätzlich oder fahrlässig eines der dort bezeichneten Rechtsgüter verletzt, ohne seinerseits ein subjektives Recht zu dieser Verletzung nachweisen zu können; dass also nach § 823 nicht nur die rechtswidrige, sondern eventuell auch die rechtlich freie Handlung eine Ersatzpflicht zu begründen im stande sein und nur die rechtmässige Handlung, unbeschadet besonderer Vorschriften für den einzelnen Fall (vergl. unten Kap. 3 § 2 unt. IV), von ihr frei bleiben soll[37]. Für die Richtigkeit dieser Interpretation vermögen wir allerdings nichts weiter anzuführen, als dass ihr, soviel wir sehen, ein Bedenken aus dem Gesetzbuche selbst nicht entgegensteht. Das B. G. B. lässt ihre Möglichkeit mindestens offen[38]. Und da sie die

---

[36]) In demselben Sinne also, wie das Str. G. B. öfters „widerrechtlich“ verwendet. Das B. G. B. gebraucht die Ausdrücke „rechtswidrig“ und „widerrechtlich“ des öfteren (vgl. §§ 123, 227, 228, 229, 823, 831, 832, 858), ohne indessen immer einen technischen, oder auch nur durchgehends denselben Sinn damit zu verbinden. Es muss also deren Bedeutung in jedem einzelnen Falle besonders ermittelt werden. Ziemlich belanglos ist, was Endemann „Einführung in das Studium des B. G. B.“, 3. Aufl. (Berlin 1897), Teil I, S. 362 f. hierüber bringt.

[37]) Hier ist also ein Fall, wo die Unterscheidung der rechtlichen freien Handlung von der rechtmässigen praktisch wird.

[38]) Derselben Ansicht Jung, a. a O. S. 18. — Der E I bestimmte in § 704: „Hat jemand durch eine ..... «widerrechtliche Handlung» einem anderen Schaden zugefügt“, und ebenso in Abs. 2 „durch eine widerrechtliche Handlung das Recht eines anderen verletzt“ u. s. w. Im Zusammenhang mit § 705 „als widerrechtlich gilt auch die kraft der allgemeinen Freiheit an sich erlaubte Handlung, wenn sie einem andern zum Schaden gereicht“, konnte unter jenen Worten, auch wenn uns die Motive hierüber nichts sagen würden, nur die wirklich rechtswidrige Handlung, in dem oben definierten Sinne verstanden werden. Der E war damit, was die ausserkontraktliche Schadensersatzpflicht angeht, in eine teilweise Abhängigkeit vom Strafrecht geraten. Auch in dem E II musste zufolge § 749, der die Schadenshaftung für eine rechtlich freie Handlung offenbar als etwas Aussergewöhnliches festsetzte, und vor allem im Hinblick auf § 746, Abs. 3 das „widerrechtlich“ im 1. Abs. positiv und wörtlich genommen werden. Dasselbe war in Ansehung der §§ 807 und 810 der Reichstagsvorlage zu sagen. — Erst das B. G. B. giebt durch die veränderte Fassung des § 826, der eventuell auch für den in Ausübung eines Rechtes zugefügten Schaden ersatzpflichtig macht, für das „widerrechtlich“ in § 823 Abs. 1 die obige Auslegung frei.

freiere Auffassung der Schadenshaftung darstellt, wird man sich wohl unbedenklich zu ihr bekennen dürfen[39]. —

Jedenfalls möchte erwiesen sein, dass das B. G. B. keineswegs gestattet, lediglich aus der Thatsache, dass eine Handlung unter seine Rubrik der „unerlaubten Handlungen" fällt, einen Schluss auf deren rechtswidrigen Charakter zu ziehen. Da uns das B. G.-B. im übrigen irgend ein anderes Kriterium für letzteren nicht an die Hand giebt, können wir auch ihm gegenüber bei unserer oben aufgestellten Behauptung bleiben: dass eine rechtswidrige Handlung nur dann vorliegt, wenn entweder ein subjektives Recht verletzt oder einem Befehle der Rechtsordnung, einem absoluten Verbots- oder Gebotsgesetze zuwidergehandelt worden ist. —

---

[39]) Nimmt man sie an, so ist es wohl möglich, auf Grund des § 823, Abs. 1 zu einer rein privatrechtlichtlichen Regelung der ausserkontraktlichen Schadensersatzpflicht zu gelangen. Begreift man nämlich unter Vorsatz und Fahrlässigkeit im civilrechtlichen Sinn weiter nichts als das Voraussehen oder die Voraussehbarkeit des schädlichen Erfolges (was wir hier für ebenso richtig, wie im Strafrecht für falsch halten), so würde sich als Resultat für § 823 Abs. 1 ergeben, dass jeder für den Schaden haftet, den er einem anderen durch Eingreifen in dessen Rechtssphäre zugefügt hat, wenn er den Eintritt des Schadens vorausgesehen hat oder hätte voraussehen können und er ein Recht zu der schädigenden Handlung nicht besass. Das ist ein rein civilistischer Thatbestand ohne strafrechtliches Ingredienz, in dem freilich noch der Begriff der Rechtssphäre einer exakten Bestimmung bedarf. — Wenn dann der 2. Abs. des § 823 im Hinblick auf einzelne Strafgesetze meist wohl polizeilichen Charakters, deren Zweck gerade darin besteht, eine Reihe von Schadenszufügungen durch ein generelles Verbot oder Gebot zu verhindern, von der Übertretung dieser Normen eine Ersatzpflicht abhängig macht zu Gunsten derjenigen Person, deren Schutz die Vorschrift bezweckt, so ist das u. E. eine äusserst wohlthätige Ergänzung sowohl dieser Strafgesetze als auch des im 1. Abs. umschriebenen Thatbestandes. Natürlich muss „Verschulden" hier im kriminellen Sinne genommen werden (in dem es, wenigstens nach Bindings Ansicht, das Bewusstsein der Rechtswidrigkeit mit umfasst), so dass also, wenn es sich um Gefährdungsdelikte handelt, zur Anwendbarkeit des § 823 Abs. 2 ein Voraussehen oder die Voraussehbarkeit des im einzelnen Falle angerichteten Schadens nicht notwendig ist. Ebenso Jung, a. a. O. S. 12. Der E I hatte mithin das Erfordernis der Verschuldung gerade verkehrt verteilt: im Fall des jetzigen § 823 Abs. 1 (E I § 704, Abs. 2) war eine Schadensersatzpflicht festgesetzt „auch wenn die Entstehung eines Schadens nicht vorauszusehen war", während für die Fälle des § 823 Abs. 2 (E I § 704, Abs. 1) nur der Schaden ersetzt zu werden brauchte, „dessen Entstehung der Handelnde vorausgesehen hat oder voraussehen musste". Vgl. übrigens zu dem hier Gesagten den gerade mit Bezug auf § 823 des B. G. B. interessanten Fall in Seufferts Archiv im 1. Heft dieses Jahres (Bd. LII), S. 31 ff.

II. Diese kurze Betrachtung über den verschiedenen rechtlichen Charakter der menschlichen Handlungen mussten wir vorausschicken, um nunmehr die Frage aufwerfen zu können: welchen Einfluss hat es auf die rechtliche Qualität einer Handlung, dass sie im Notstande vorgenommen worden ist?

Wir werden uns hier zuvörderst über den Begriff des Notstandes klar werden müssen. Er ist, wie bekannt, auf dem Boden des Strafrechts entstanden und findet sich in der Gesetzessprache z. B. in § 54 des Str. G. B., der lautet: „Eine strafbare Handlung ist nicht vorhanden, wenn die Handlung ausser dem Falle der Notwehr in einem unverschuldeten, auf andere Weise nicht zu beseitigenden Notstande zur Rettung aus einer gegenwärtigen Gefahr für Leib oder Leben des Thäters oder eines Angehörigen begangen worden ist"[40]). Hiernach wird zum Vorhandensein eines Notstandes dreierlei gefordert:

1. eine gegenwärtige Gefahr für Leib oder Leben des Thäters selbst oder eines Angehörigen,
2. die Unverschuldetheit dieser Notlage,
3. die Thatsache, dass sie auf andere Weise als durch eine an sich strafbare Handlung nicht abgewendet werden kann. —

Dass dieser Begriff des Notstandes de lege ferenda viel zu eng[41]) und an sich einer Erweiterung sowohl fähig als bedürftig ist, wurde schon vor der Inangriffnahme des B. G. B. von namhaften Kriminalisten wiederholt hervorgehoben[42]), und es fehlte auch nicht an Versuchen, de lege lata durch eine extensive Interpretation über die

---

[40]) Inhaltlich gehört dazu die Hälfte des § 52: „Eine strafbare Handlung ist nicht vorhanden, wenn der Thäter durch eine Drohung, welche mit einer gegenwärtigen auf andere Weise nicht abwendbaren Gefahr für Leib oder Leben seiner selbst oder eines Angehörigen verbunden war, zu der Handlung genötigt worden ist".

[41]) Zu eng einmal, weil auch eine das Vermögen, die Ehre, die Freiheit bedrohende Gefahr einen Notstand begründen kann, und zwar auch dann, wenn sie verschuldet ist, und zweitens weil auch ein Dritter, der für einen im Notstand Befindlichen handelt, unter Umständen der Rechtswohlthat, die diese Situation gewährt, teilhaftig werden muss.

[42]) Vgl. z. B. Janka, Der strafrechtliche Notstand (Erlangen 1878), S. 200 ff.; Stammler, Darstellung des strafrechtlichen Notstandes (ebendas. 1878), S. 62 ff.; von Buri, im Gerichtssaal, Bd. XXX, S. 458 ff.; A. Merkel, Lehrbuch des deutschen Strafrechts, S. 166.

enge Fassung hinaus zu einer gerechteren Würdigung der Notstandslage zu gelangen[43]).

Noch mehr aber haben die Civilisten, soweit sie sich überhaupt mit dem Gegenstande beschäftigt haben, zu einer Erweiterung des Notstandsbegriffes gedrängt[44]). So spricht z. B. Pernice von einem Notstande dann, wenn sich jemand in einer Lage befindet, in der er nur durch Verletzung eines fremden Rechtes sein eigenes bewahren oder eine Rechtspflicht erfüllen kann[45]). v. Tuhr hat in einer eigens jenem Zwecke gewidmeten Monographie „der Notstand im Civilrecht" die Kollisionsfälle zwischen dem berechtigten Egoismus auf der einen und dem anerkannten Rechte auf der andern Seite für das römische und das gemeine Recht einer eingehenden Untersuchung unterworfen und ihr Dasein in einer Fülle von rechtlichen Erscheinungen nachgewiesen, die man bis dahin unter dem Gesichtspunkte des Notstandes noch nicht betrachtet hatte[46]). Vor allem aber hat neuerdings Rudolf Merkel die Materie des Notstandes in selbständiger Weise behandelt in seiner schon öfters citierten Schrift über die „Kollision rechtmässiger Interessen und die Schadensersatzpflicht bei rechtmässigen Handlungen"[47]). Er schildert ihn uns nur als Spezies einer grösseren Gruppe widerstreitender Interessen, deren Vereinbarung miteinander die schwierigste, aber auch die eigentliche Aufgabe der Rechtsordnung ist; die Aufgabe, um derentwillen man von der Kompromissnatur des Rechts gesprochen hat[48]). —

Gehen wir bei der Konstruktion des Begriffes von dem Wortlaute aus, so weist die Bezeichnung Notstand auf ein erforderliches Moment mit zweifelloser Bestimmtheit hin: auf das Dasein einer Not.

---

[43]) Vor allem gehört hierher: Binding, Handbuch des Strafrechts I, S. 771, 774; Grundriss, S. 127. Vgl. dazu Rudolf Merkel, a. a. O. S. 27.

[44]) Abgesehen von den drei gleich zu nennenden Schriftstellern behandeln unter den Civilisten noch den Notstand: Lehmann, in Iherings Jahrb., Bd. 13, S. 218 ff.; Unger, in seinem Aufsatz über „Handeln auf eigene Gefahr", (ebendas., Bd. 30, S. 377—381); und neuerdings Rümelin, a a. O. S. 36 ff., 89 ff. Der Vollständigkeit halber sei auch erwähnt: Mathieu, „In welchen Fällen und in welcher Weise ist die Not civilrechtlich von Bedeutung"? Erlanger Diss. 1894.

[45]) Labeo II. (2. Aufl.), S. 67.

[46]) Vgl. hierzu: Bruckner, in der kritischen Vierteljahrsschrift für Gesetzgebung und Rechtswissenschaft, Bd. 35, S. 521 ff.

[47]) Dazu v. Blume, ebendas., Bd. 38, S. 199 ff.

[48]) A. Merkel, in v. Holtzendorffs Encyklopädie d. Rechtswissenschaft, S. 16 f.

Letztere, oder konkreter gesprochen, eine Notlage ist also unentbehrliche Voraussetzung für das Vorhandensein eines Notstandes. Darum ist Notlage noch nicht identisch mit Notstand. Erstere kann vorhanden sein, ohne dass füglich von letzterem gesprochen werden darf. Wenn z. B. eine Feuersbrunst all mein Hab und Gut verzehrt, oder ein wütendes Tier mich empfindlich an meinem Körper verletzt hat, so werde ich mich in der Regel in einer Notlage befinden: von einem Notstande aber kann gegenüber der vollendeten und unabänderlichen Thatsache des eingetretenen Übels keine Rede sein. Von diesem pflegt man im technischen Sinne vielmehr nur dann zu sprechen, wenn erstens der Zustand der Not noch nicht eingetreten ist, sondern nur unmittelbar drohend bevorsteht, und zweitens, wenn uns noch die Möglichkeit gegeben ist, ihn durch eine bestimmte Thätigkeit von uns abzuwenden[49]). Ein Notstand liegt also dann vor, wenn eine drohende Gefahr (denn so können wir wohl am kürzesten die eben beschriebene Situation bezeichnen) uns vor die Alternative stellt: entweder das Übel, das sie mit sich bringt, auf uns zu nehmen, oder — wir wollen ganz allgemein sein — zu irgend einer bestimmten Handlung zu greifen. Somit charakterisiert sich der Notstand durch ein Zwangsmoment, durch ein „entweder — oder“, nämlich durch die Wahl: entweder zu dulden oder zu handeln.

Natürlich kann aber von solcher Zwangslage nur dann mit Recht gesprochen werden, wenn die Situation wirklich derart ist, dass der einzelne zum Handeln gedrängt wird. Diese Nötigung kann nun in verschiedenen Umständen ihren Grund haben. Sie liegt einmal vor, wenn das drohende Übel derartig ist, dass der Egoismus nach dem Urteil aller vernünftig denkenden Menschen gebietet, jede Möglichkeit der Vermeidung des Übels zu ergreifen; nur dann kann füglich von der „Not“ als dem Motiv der Handlung, nur dann von einer drohenden „Gefahr“ gesprochen werden[50]). Aber auch nur ein gering-

---

[49]) In einem untechnischen Sinn wird das Wort Notstand z. B. gebraucht vom B. G. B. § 6, No. 2 u. 3, vom Sächs. B. G. B. § 1987, vom Österr. B. G. B. § 768, No. 2.

[50]) Das Zwangsmoment ist also ein dem Notstandsbegriffe wesentlicher Bestandteil und darf nicht aus ihm eliminiert werden. Darum halten wir es für zu weit, wenn der Notstand definiert wird als die Lage eines Menschen, „worin er nur durch eine verbotene Handlung ein gefährdetes Rechtsgut erretten kann“ (Binding), oder von Regelsberger immer als vorhanden angenommen wird, „wenn ein gefährdetes Gut nur durch Aufopferung eines minderwertigeren erhalten

fügiger Nachteil, der zu befürchten steht, kann uns unter Umständen in diese Zwangslage versetzen, dem Gebote der Selbsterhaltung gemäss handeln zu müssen: nämlich dann, wenn er uns zugefügt werden soll durch den Eingriff eines fremden Rechtssubjekts in unsere Rechtssphäre, ohne dass auf jener Seite ein Recht zu diesem Eingriff vorhanden ist, wir also auch nicht die Pflicht haben, ihn über uns ergehen zu lassen. Hier wird die Zwangslage, die dort in der Grösse des bevorstehenden Übels, „in der drohenden Gefahr" wurzelte, ihren Grund in der Reaktion des Rechtsgefühls haben, das sich dagegen auflehnt, Unrecht zu dulden[51]). Stellt sich der drohende Eingriff in unsere Rechtssphäre als ein Angriff auf unsere äussere Güterwelt dar, so sagen wir von dieser Situation, dass sie uns zur Notwehr berechtigt. Richtig aufgefasst ist also die Notwehrlage weiter nichts, als ein besonderer Fall des Notstandes, wobei natürlich vorausgesetzt wird, dass unter Notwehr, wie es u. E. begrifflich notwendig ist, nur die zur Wahrung des bedrohten Rechtsgutes wirklich erforderliche Verteidigung verstanden wird[52]). Weil wir aber das spezifische Zwangsmoment bei der Notwehr in der treibenden Kraft des Rechtsbewusstseins finden, leugnen wir die Möglichkeit

---

werden kann". Befinde ich mich wirklich jedesmal, wenn irgend eine geringfügige Sache von mir gefährdet ist und sich nur auf Kosten einer anderen, wenn auch vielleicht noch minderwertigeren retten lässt, in einem Notstand? Andrerseits ist es wiederum zu eng, wenn Regelsberger ein gewisses Wertverhältnis zwischen gefährdetem und gerettetem Rechtsgut ganz allgemein zu einem begriffskonstituierenden Merkmal des Notstandes erhebt: ich befinde mich zweifellos in einem solchen auch dann, wenn ich z. B. mein Leben nur auf Kosten eines anderen Lebens retten kann.

[51]) „Der Kampf ums Recht ist eine Pflicht des Berechtigten gegen sich selbst". (Ihering.)

[52]) Man hat eben dieser „erforderlichen Verteidigung" wegen die Unterstellung der Notwehr unter einen allgemeinen Notstandsbegriff in der Litteratur scharf getadelt in der Meinung, als würde dadurch eine „Subsidiarität" der Notwehr geschaffen, „derzufolge man den rechtswidrig Angegriffenen in erster Linie auf die Staatshilfe, auf die Flucht oder sonstige Rettungsmittel verweist und eine Schranke in das Notwehrrecht hineinträgt, die sich mit dem Wesen derselben gar nicht vereinigen lässt". (Tobler, die Grenzgebiete zwischen Notstand und Notwehr. Züricher Inauguraldiss. 1894.) Es wird sich unten zeigen, dass diese Konsequenz durchaus nicht zutrifft. (Vgl. Kap. 3, § 1 unt. II.) Für einen Notstandsbegriff im weiteren Sinn, dem sich dann die Notwehrfälle und die Notstandsfälle im engeren Sinn unterordnen, sind z. B. Moriaud, Du délit nécessaire et de l'état de nécessité (Genève 1889), S. 37, 39 und Wessely, Die Befugnisse

einer Notwehr gegen andere, als von Menschen ausgehende Angriffe. Denn nur ihnen gegenüber kann von einer Reaktion des Rechts gegen die Prätention des Unrechts die Rede sein. Es giebt also wohl eine Notwehr gegen Unzurechnungsfähige, aber keine Notwehr gegen Tiere und Sachen[53]). Vielmehr stellt die Verteidigung gegen letztere, soweit diese nicht lediglich als ein Mittel zum Angriff verwendet werden, einen typischen Fall des Notstandes im engeren Sinne dar[54]).

---

des Notstandes und der Notwehr (Prag 1862), S. 4. — Wenn man übrigens behauptet hat, das R. Str. G. B. weise in § 54 durch die Werte „ausser dem Falle der Notwehr" ebenfalls auf einen weiteren Notstandsbegriff hin, so ist das u. E. völlig aus der Luft gegriffen.

[53]) Häufig behauptet man, die Zulassung der Notwehr gegen Unzurechnungsfähige bedinge notwendigerweise auch die Zulassung derselben gegen Tiere. Denn in beiden Fällen habe man es mit unvernünftigen, nicht bewussten Vorstellungen, sondern nur natürlichen Trieben gehorchenden Wesen zu thun. Letzteres ist richtig, aber für unsere Frage ohne Bedeutung. Denn es kommt bei der Notwehr gar nicht darauf an, dass der rechtswidrige Angriff ein in concreto schuldhafter ist; sondern lediglich darauf, dass wir als Angegriffene uns einem Menschen gegenübersehen, der unsere Güterwelt bedroht, während er für seine eigene Rechtssphäre doch volle Integrität beansprucht. Und dies trifft auch gegenüber dem Unzurechnungsfähigen zu. Hingegen ist es u. E. völlig abusiv, auch mit Bezug auf Tiere und Sachen von einem Kampfe zwischen Recht und Unrecht zu sprechen. Eine derartige Vorstellung hat etwas Atavistisches an sich: naive Völker und Zeiten haben ja wohl in die Tierwelt selbst die Gesichtspunkte der Notwehr hineinzutragen versucht (vgl. fr. 1 § 11 si quadrup 9,1). — Die Unterstellung dieser zweifellosen Notstandsfälle unter den Begriff der Notwehr ist wohl auch nur eine Folge des an sich berechtigten Wunsches, auf diese Weise de lege lata wenigstens für einen Teil derselben zu halbwegs der Gerechtigkeit entsprechenden Resultaten zu gelangen. Vgl. Binding, Handbuch, S. 736.

[54]) Dies alles ist in der Strafrechtswissenschaft bekanntlich sehr bestritten. Den status controversiae in der Frage, ob Abwehr gegen einen Unzurechnungsfähigen als Notwehr oder aber als Notstandshandlung oder als keines von beiden aufzufassen sei, siehe bei Binding, Grundriss, S. 125. — Im übrigen sei die Verschiedenheit der Ansichten durch folgende Übersicht veranschaulicht, die wir natürlich ohne jeden Anspruch auf Vollständigkeit geben: Das Erfordernis, dass der Angriff ausgehe von einem in concreto zurechnungsfähigen Menschen, dass er also in der Person des Angreifers ein schuldhafter sei, stellen auf: Stammler, a. a. O. S. 2; Janka, a. a. O. S. 33 ff; Meyer, Lehrbuch des deutschen Strafrechts, (5. Aufl.), S. 278; Oppenhoff in seinem Commentar zum Str. G. B. § 53 Nr. 6. — Nicht an der Verschuldetheit des Angriffs, wohl aber daran, dass er von Menschen ausgehen müsse (es ist die im Text vertretene Ansicht) halten fest: v. Buri, Gerichtssaal, Bd. XXX., S. 471; Merkel, Lehrbuch des Strafrechts, S. 163; Wessely, a. a. O. S. 55 ff. — Von einer Notwehr gegen Tiere, aber nicht gegen Sachen

Weil der Notstand begrifflich eine Alternative zur Voraussetzung hat, derzufolge wir uns entweder für das Dulden oder für das Handeln selbständig entscheiden sollen, kann von einem Notstande niemals gesprochen werden, wo die Möglichkeit einer Wahl nicht gegeben ist: also kein Notstand liegt vor, wenn wir jenes drohende Übel unter allen Umständen über uns ergehen lassen oder die in Frage stehende Handlung auf jeden Fall vornehmen müssen; ersteres hauptsächlich dann, wenn uns kein Mittel gegeben ist, ihm zu entgehen; letzteres, wenn wir zu der betreffenden Thätigkeit durch physische Gewalt gezwungen werden [55]. Hier kann von einer Handlung im Rechtssinne überhaupt nicht mehr die Rede sein. —

Wenn wir uns nunmehr fragen, welchen Einfluss wird es auf den rechtlichen Charakter einer Handlung haben, dass sie im Notstande begangen worden ist, so dürfte so viel auf den ersten Blick als selbstverständlich erscheinen, dass die rechtmässige Handlung gar

---

reden Binding, Handbuch, S. 735 und v. Liszt, Lehrbuch des deutschen Strafrechts (7. Aufl.), S. 124. — Moriaud a. a. O. kennt eine solche auch gegen Sachen. Ebenso spricht Tobler (a. a. O. S. 65) ganz allgemein von Notwehr, wenn zum Zwecke der Abwendung einer Gefahr ein Rechtsgut verletzt wird, das a) bei menschlichem Angriff in dem Angreifer seinen Träger findet, b) bei sonstiger Gefährdung mit der Quelle der Gefahr zusammenfällt. — In der civilistischen Litteratur wird der letztere Standpunkt vertreten durch v. Tuhr (a. a. O. S. 137); ebenso von Schneider und Fick in ihrem Commentar z. Schweiz. Obligationenrecht, Art. 56. Rudolf Merkel ist unserer Ansicht, dass es Notwehr nur zwischen Rechtssubjekten giebt; ebenso Mathieu, a. a. O. S. 27. — In der Judikatur wird die Möglichkeit einer Notwehr gegen Tiere geleugnet vom Berliner Obertribunal (Oppenhoff, Rechtsprechung u. s. w., Bd. XVII, S. 260ff; XVIII, S. 803); vom Oberlandesgericht Braunschweig (Seufferts Archiv, Bd. XLII, Nr. 295) und vom Oberlandesgericht Dresden (Annalen, dess. Bd. IX S. 409). Das Reichsgericht steht, wenigstens was die Frage der Zurechnungsfähigkeit oder Unzurechnungsfähigkeit angeht, auf unserem Standpunkt: Entsch. des II. Strafsenats vom 19. II. 1895 (Entsch., Bd. 27, S. 45). — Für die Motive zum B. G. B. endlich (I S. 350) begründet die Gefährdung durch fremde Sachen (incl. Tiere) nicht die Notwehrlage; andererseits aber lässt sich, wie sie behaupten, hier ebensowenig ein Notstandsfall unterstellen! (Vgl. dazu die allerdings auch nur teilweise richtigen Ausführungen v. Liszts in Bekkers und Fischers Beiträgen u. s. w. Heft 5, S. 12). — Für die Bearbeitung der einschlägigen Litteratur und Judikatur ist diese Incongruenz in den Fundamentalbegriffen in hohem Grade unerquicklich! —

[55]) Vgl. Fälle wie: fr. 1 § 6 i. de postulando 3, 1; fr. 14 § 7; fr. 40 pr. de adulteriis coercend. 48,5. — Von der vis absoluta handelt die andere Hälfte des § 52 des Str. G. B.: „eine strafbare Handlung ist nicht vorhanden, wenn der Thäter durch unwiderstehliche Gewalt zu der Handlung genötigt worden ist.“

nicht von ihm ergriffen werden wird. Denn ein Recht, das ich besitze, darf ich natürlich auch im Falle der Not ausüben: es kann unmöglich deshalb cessieren, weil ich seiner besonders dringend bedarf.

Ähnliches muss von der rechtlich freien Handlung gelten [56]. Aber wenn auch nicht in ihrer rechtlichen Natur, so wird diese doch in ihrer rechtlichen Wirkung stark vom Notstande beeinflusst werden können. Wir denken dabei vor allem an die in einem Notstande abgeschlossenen Rechtsgeschäfte. Da indessen eine Betrachtung derselben nur im Zusammenhange mit der Lehre von den Rechtsgeschäften überhaupt möglich ist, und sie ihre systematische Behandlung auch in der Regel dort erfahren, so werden wir im folgenden auf diese Wirkung des Notstandes nicht weiter zu sprechen kommen [57].

Am bedeutungsvollsten wird die oben aufgeworfene Frage natürlich für die an sich rechtswidrigen Handlungen. Diese sind gemeint, wenn von Notstandshandlungen im eigentlichen Sinne gesprochen wird. Und da wir uns weiterhin nur mit ihnen beschäftigen werden, so wollen wir jetzt den Notstand definieren „als diejenige Lage eines Menschen, in der er gezwungen ist, entweder ein drohendes Übel auf sich zu nehmen (resp. wenn es sich um die Nothilfe eines Dritten handelt: geschehen zu lassen), oder eine an sich rechtswidrige Handlung zu begehen“ [58], wobei wir noch einmal daran erinnern, dass die Zwangslage ihren Grund haben kann sowohl in der Grösse des drohenden Schadens oder der Wichtigkeit des bedrohten Rechts-

---

[56]) Sie kann keinesfalls durch den Notstand zu einer rechtswidrigen werden. Inwieweit sie durch ihn zu einer rechtmässigen wird, darüber später.

[57]) Von ihr handeln v. Tuhr, a. a. O. S. 6—14; Kohler, Geschäfte in der Notlage (aus „die Menschenhilfe im Privatrecht“) in Iherings Jahrb., Bd. 25, S. 9 bis 42, und Mathieu, a. a. O. S. 5—20. — Vom B. G. B. gehören hierher die §§ 123, 138 Abs. 2, 1335. Vergl. auch H. G. B., Art. 743.

[58]) Mit Recht hebt Binding, Handbuch, S. 758 hervor, dass ein Notstand nicht nur dann vorliegt, wenn uns eine drohende Gefahr zu einer an sich rechtswidrigen Handlung nötigt, sondern auch dann, wenn eine Rechtspflicht, sei es eine positive oder negative, nur durch eine rechtswidrige Handlung, also durch Verletzung einer anderen Rechtspflicht erfüllt werden kann. Sogen. Pflichtenkollisionen. Da letztere indessen, wie sich noch zeigen wird, von der Rechtsordnung nach denselben Gesichtspunkten, wie die übrigen Notstandsfälle: nämlich nach der Relativität der ihnen zu Grunde liegenden Interessen zu behandeln sind, sie im Vergleich mit diesen also keinerlei Besonderheiten aufweisen, so haben wir der Einfachheit und Klarheit zu Liebe in unserer obigen Definition auf sie keine Rücksicht genommen.

gutes[59]), als auch in der Thatsache, dass der Angriff zu Unrecht gegen uns gerichtet wird von seiten eines anderen Rechtssubjekts, also, was hier allein in Frage kommt, von seiten eines anderen Menschen. Wir teilen hiermit die Notstandshandlungen in Notwehrhandlungen und in die Notstandshandlungen im engeren Sinn[60]). Letztere stellen im Gegensatz zu den ersteren diejenigen Fälle dar, wo es sich um die Abwehr einer Gefahr handelt, die nicht unmittelbar von einem Menschen ausgeht. Wenn man will, kann man sie wieder scheiden in die Fälle des defensiven Notstandes: das sind diejenigen, wo ich die Gefahr dadurch abwenden kann, dass ich mich gegen die schädigende Ursache selbst wende (Verteidigung im Notstande; ich erschiesse z. B. das mich anfallende Tier); und in die Fälle des aggressiven Notstandes: wo ich zur Vermeidung des Übels genötigt bin, in die Rechtssphäre eines an der Notlage gänzlich unbeteiligten Dritten einzugreifen (Angriff im Notstande; ich entwende z. B., um dem Hungertode zu entgehen, fremde Nahrungsmittel[61]). —

Und schliesslich lässt sich noch eine dritte Gruppe von Handlungen denken, die unter dem Gesichtspunkte des Notstandes betrachtet werden muss: das ist die Selbsthilfe im engeren Sinne, die eigenmächtige Verwirklichung eines, sei es auf einem absoluten oder auf einem relativen Rechte ruhenden Anspruchs[62]). Nur muss es

---

59) Da bei demjenigen, der in der Not einem Anderen zu Hilfe eilt, das Motiv des Egoismus fehlt, so wird sich für ihn die Grösse des drohenden Schadens als ein Zwangsmoment nur nach dem Gesichtspunkte der Gütererhaltung darstellen, also nur insoweit, als dem gefährdeten Rechtsgut im einzelnen Falle ein minderwertiges gegenübersteht. Infolgedessen ist für die Fälle der Nothilfe allerdings ein gewisses Wertverhältnis zwischen bedrohtem und verletztem Interesse als ein dem Begriffe des Notstandes (im engeren Sinne) wesentliches Moment zu betrachten. — Vgl. o. Anm. 50.

60) Wo nichts besonderes hinzugefügt ist, wird sich in der Folge aus dem Zusammenhange ergeben, ob das Wort Notstand in seiner weiteren oder in seiner engeren Bedeutung zu nehmen ist.

61) Vgl. Endemann-Gareis, Einführung in das Studium des B. G. B. (1. Aufl.) S. 97. — Mit dem Hinweis auf diese Unterscheidung erledigt sich wohl die von Jung, a. a. O. S. 23, Anm. 61, aufgeworfene Frage. — Im einzelnen Falle wird es manchmal fraglich erscheinen können, ob Verteidigung oder Angriff vorliegt: und darum dürfte es gesetzgeberisch bedenklich sein, an diese Distinktion weitgehende praktische Verschiedenheiten zu knüpfen. Vgl. Merkel, a. a. O. S. 10.

62) Von Selbsthilfe im weiteren Sinne kann überall da gesprochen werden, wo der Staat den Einzelnen zur Wahrung seiner Rechtsgüter nicht auf den Weg

sich auch hier immer um eine wirkliche Rechtsgefährdung handeln. Da aber heutzutage der Staat die subjektiven Rechte durch ein relativ vollkommenes Verfahren zu schützen im stande ist, so wird diese, falls die Realisierung des Anspruchs überhaupt noch möglich ist, nur da vorliegen, wo obrigkeitliche Hilfe ausnahmsweise nicht gegenwärtig ist, und der mit ihrem Anrufen verbundene Zeitverlust die Verwirklichung des Anspruchs definitiv in Frage stellen würde. Auf diesen Fall beschränkt stellt sich die Selbsthilfe aber zweifellos als eine Notstandshandlung im weiteren Sinne dar[63]). Nur braucht das für den Begriff des Notstandes unentbehrliche Zwangsmoment auch hier nicht in der Grösse oder der Wichtigkeit des gefährdeten Anspruches zu liegen; vielmehr muss es, wie bei der Notwehr, schon in der Auflehnung des verletzten Rechtsgefühls der nicht erfüllten Rechtspflicht gegenüber gefunden werden. —

Kehren wir zu unserer Frage: inwiefern wird der Notstand den Charakter der an sich rechtswidrigen Handlung beeinflussen? zurück, so ist zu sagen, dass dieser Einfluss nach Art und Umfang sehr verschiedenartig sein kann.

Erstens kann der Staat für den Fall eines Notstandes allgemeine Ausnahmesätze aufstellen, oder er kann sich damit begnügen, einzelne, leicht voraussehbare Fälle von Interessenkollisionen herauszugreifen und für sie spezielle Bestimmungen zu treffen. Jenes thut er z. B., wenn er sagt: „Eine strafbare Handlung ist nicht vorhanden, wenn die Handlung durch Notwehr geboten war"; oder wenn er sagen würde: „Wer in einem Notstande ein legitimes fremdes Interesse verletzt, handelt nicht widerrechtlich, wenn die Verletzung desselben notwendig ist zur Wahrung eines überwiegenden Interesses"[64]). Nach

---

des gerichtlichen Verfahrens verweist, sondern ihm dieselben durch eigenmächtiges Handeln selbständig zu schützen gestattet.

[63]) Ebenso Binding, Handbuch S. 790, Anm. 7: „Es steht nichts im Wege, die Kollision zwischen Rechtsverlust und Verbot der Eigenmacht als einen Notstand und das Recht zur Eigenmacht als ein echtes Notrecht zu betrachten." Vgl. auch v. Tuhr, a. a. O. S. 68—74; Merkel, a. a. O. S. 15. — Soweit hingegen eine eigenmächtige Anspruchsverwirklichung von der Rechtsordnung gestattet wird, auch ohne dass die oben genannten Voraussetzungen gegeben sind (wie dies z. B. bei dem deutschrechtlichen Institut der Pfändung der Fall ist; vgl. ferner unten Kap. 3, § 3, Anm 4.), fällt die Betrachtung der Selbsthilfe im engeren Sinne aus dem Rahmen der Notstandslehre hinaus.

[64]) Merkel, a. a. O. S. 97.

der letzteren Art verfährt die Rechtsordnung, wenn sie z. B. bestimmt: „Wer mit gemeiner Gefahr für das Eigentum vorsätzlich eine Überschwemmung herbeiführt, wird mit Zuchthaus bestraft. Ist jedoch die Absicht des Thäters nur auf Schutz seines Eigentums gerichtet gewesen, so ist auf Gefängnis nicht unter einem Jahre zu erkennen“[65]); oder wenn sie für das Verhältnis zweier Nachbargrundstücke die Regel aufstellt: „Fehlt einem Grundstücke die zur ordnungsmässigen Benutzung notwendige Verbindung mit einem öffentlichen Wege, so kann der Eigentümer von den Nachbarn verlangen, dass sie bis zur Hebung des Mangels die Benutzung ihrer Grundstücke zur Herstellung der erforderlichen Verbindung dulden“[66]). Hier hat der Gesetzgeber einen einzelnen Fall des Notstandes (denn als ein solcher wird sich wohl der Mangel eines Verbindungsweges für einen Grundstücksbesitzer immer darstellen) in der Weise geregelt, dass er dem Gefährdeten einen rechtlichen Anspruch gegen einen Dritten auf Hebung desselben gegeben hat[67]). —

Zweitens äussert sich der Einfluss des Notstandes verschieden bei der normenwidrigen Handlung und bei der rechtswidrigen Handlung im engeren Sinne: der Verletzung lediglich subjektiver Privatrechte.

Und was die normenwidrige Handlung angeht, so sind auch hier wieder mannigfache Möglichkeiten für die Stellungnahme der Rechtsordnung gegeben: es ist z. B. denkbar, dass der Notstand auf die Rechtswidrigkeit dieser Handlungen überhaupt gar keinen Einfluss hat. Dies wird aber immer nur dann der Fall sein, wenn es wirklich im Inter-

---

[65]) R. Str. G. B. § 313.

[66]) B. G. B. § 917, Abs. 1. Vgl. auch § 918.

[67]) Dieser Fall unterscheidet sich von den unten Kap. 3 zu besprechenden Notrechten dadurch, dass dort die Befugnis zu einem in die fremde Interessensphäre übergreifenden eigenmächtigen Handeln in Frage steht, während es sich hier nur um einen bestimmten, mit Hilfe staatlicher Zwangsmassregeln durchzusetzenden Anspruch auf ein solches Eingreifen handelt. Darum ist hier die Konstatierung der notwendigen Voraussetzungen des Anspruchs lediglich Sache des Gerichts; während dort ihr Vorhandensein in erster Linie der Beurteilung des Handelnden unterliegt, und erst für den Fall eines späteren Prozesses zur Kognition des Richters gelangt. — Natürlich kann der Gesetzgeber auch bei der speziellen Regelung einzelner Notstandsfälle dem im Notstand Befindlichen ein Recht auf eigenmächtiges Handeln geben: Beispiele dafür siehe u. Kap. 2, Text zu Anm. 91.

esse der Allgemeinheit liegt, eine besondere Rechtspflicht zur Bestehung des Notstandes aufzustellen. Darum darf sich der Soldat im Kriege niemals auf einen solchen berufen, muss vielmehr auch angesichts der Todesgefahr auf seinem Posten ausharren[68]; — oder es ist möglich, dass die normenwidrige Handlung zwar durch den Notstand ihren rechtswidrigen Charakter nicht einbüsst, dass aber wenigstens die sonst eintretende Strafe mit Rücksicht auf die eigentümliche Situation, in welcher der Thäter gehandelt hat, gemildert oder ganz erlassen wird: so z. B. nach dem schon citierten § 313, ferner nach den §§ 148, 157 Abs. 1 Nr. 1, 257 Abs. 2 und der herrschenden Ansicht zufolge auch nach § 54 des Str. G. B. Man sagt dann wohl, der Notstand wirke eine Exemption vom Strafgesetz[69]; — oder endlich: die Rechtsordnung kommt in Ansehung ihrer Gebote und Verbote dem Notstande soweit entgegen, dass sie diese für den Fall seines Vorhandenseins überhaupt gänzlich zurückzieht[70]. Dann ist die Notstandshandlung jedenfalls nicht mehr normenwidrig. Wohl aber kann sie, da die Aufhebung der Norm noch nicht eine Aufhebung der durch sie geschützten subjektiven Privatrechte bedeutet, rechtswidrig bleiben, soweit sie diese verletzt[71]. Soweit sie dies nicht thut, wird sie zur rechtlich freien Handlung.

Um sich auch dem subjektiven Rechte gegenüber bewähren zu können, muss die Notstandshandlung einen ganz bestimmten Charakter bekommen: sie muss zur rechtmässigen werden. Weil nur diese

---

[68]) Ebenso der Schiffsmann nach § 32 der Seemanns-O. vom 27./XII. 1872.

[69]) In der Theorie prinzipiell als Wirkung des Notstandes gefordert von Kant (vgl. u. Kap. 2), und im Anschluss an ihn von Breidenbach, v. Wächter, Glaser, Hälschner, Wessely, Berner (soweit die beiden letzteren kein Notrecht annehmen), Janka u. a. — S. Stammler, a. a. O. S. 44 ff.; Binding, Handbuch, S. 764 N. 29.

[70]) Das ist — auch de lege lata, zufolge Str. G. B. § 54 — die Meinung von Binding, Handbuch S. 765; v. Liszt, Lehrbuch (7. Aufl.) S. 129 und Tobler, a. a. O. S. 38 f. Vgl. auch Unger, a. a. O. S. 380; Sjögren, a. a. O. S. 429 und Finger, Österr. Strafrecht (1894) S. 241. — Hierher gehört auch der Fall, dass die Rechtsordnung eine Handlung mit Rücksicht auf den vorhandenen Notstand gar nicht erst verbietet, während sie es im übrigen allerdings thut; so ist nach geltendem Recht (Str. G. B. § 120) jedem Dritten untersagt, Gefangene zu befreien; hingegen ist die Selbstbefreiung der Gefangenen eine rechtlich durchaus freie Handlung.

[71]) Denn im Notstande hört nicht etwa, wie eine ältere Doktrin (Fichte, Grolmann) vielfach angenommen hat, die Rechtsordnung überhaupt auf.

im stande ist, eventuell auch ein entgegenstehendes subjektives Recht zu überwinden, muss der Gesetzgeber auf der anderen Seite ein Notstandsrecht anerkennen, wenn er will, dass sich die Notstandshandlung auch z. B. dem Eigentume gegenüber behaupten soll[72]). —

Die Anerkennung ihrer Rechtmässigkeit hat natürlich für die Notstandshandlung bedeutende praktische Folgen: einmal wird dadurch, wie unten noch zu zeigen sein wird, nach geltendem wie nach künftigem Rechte, die Notwehr gegen sie ausgeschlossen. Ferner kann sie, wenn ein Gesetzbuch die Verpflichtung zum Ersatze des ausserkontraktlich angerichteten Schadens im allgemeinen von der Nicht-Rechtmässigkeit der schädigenden Handlung abhängig macht, (wie dies, wenigstens unserer Auslegung nach, z. B. der § 823 des B. G. B thut), eine Schadensersatzpflicht nur dann zur Folge haben, wenn sich eine solche für sie dort besonders aufgestellt findet[73]). Drittens aber muss sie in dem Umfange, als sie rechtmässig ist, natürlich immer straflos sein. Denn wir haben oben gesehen, dass die Rechtswidrigkeit einer Handlung die unerlässliche Voraussetzung für ihre Strafbarkeit ist[74]). —

III. Die einzelnen positiven Rechte haben nun die Rechtmässigkeit der einzelnen Notstandshandlungen in einem sehr verschiedenen Umfange anerkannt.

Ganz allgemein ist sie überall und zu allen Zeiten für die Notwehr angenommen worden, von der man darum wohl gesagt hat, dass

---

[72]) Wir haben oben gesehen, dass auch die Verletzung relativer Rechte eine rechtswidrige Handlung darstellt. Natürlich kann auch hier der Notstand irgendwie von Bedeutung werden. Aus demselben Grunde aber, aus dem wir oben die Wirkung desselben auf die Rechtsgeschäfte von unserer weiteren Betrachtung ausgeschlossen haben, scheiden wir hiermit für die Folge auch die Behandlung der Frage aus: welchen Einfluss hat der Notstand auf die Erfüllung von Obligationen? Denn auch sie gehört systematisch in einen anderen Zusammenhang. Ausführlich handelt von ihr: v. Tuhr, a. a. O. S. 15—36.

[73]) Wenn Binding, Handbuch, S. 765 N 30 a. E. sagt: „Die Frage, ob die Notstandshandlung zum Schadensersatz verpflichtet, ist ganz unabhängig von ihrer Rechtmässigkeit", so ist das natürlich nur de lege ferenda zu verstehen. Dies gegen Merkel, a. a. O. S. 36.

[74]) Wir heben diese Selbstverständlichkeit hier besonders hervor, weil sie in der Litteratur und Judikatur, wie sich noch zeigen wird, nicht immer genügend beachtet worden ist.

sie keine Geschichte habe [75]). Und in der That kann es der Rechtsordnung auch nicht schwer fallen, ihr gegenüber in bejahendem Sinne Stellung zu nehmen. Denn da die Rechtsordnung selbst keinen anderen Zweck verfolgt, als die Güterwelt des Einen gegen die des Anderen abzugrenzen und sie zu schützen, so handelt derjenige, der seine Rechtssphäre gegen die Eingriffe dritter Personen zu verteidigen sucht, in gewissem Sinne nur als negotiorum gestor des Gesetzes; sein Wille ist dem der Rechtsordnung völlig conform: die Notwehrhandlung charakterisiert sich als eine im Dienste des Rechtsgüterschutzes vorgenommene Rechtsgüterverletzung.

Ähnliches ist von denjenigen Fällen zu sagen, die wir im Gegensatz zur Selbstverteidigung unter dem Begriffe der Selbsthilfe zusammengefasst haben. [75a]) Und darum sind auch diese, falls in wirklicher Not vorgenommen, fast immer, und wenn nicht von der Gesetzgebung, so doch wenigstens von der Wissenschaft, als rechtmässige Handlungen angesehen worden [76]).

Hingegen hat die Notstandshandlung im engeren Sinne bis auf den heutigen Tag um ihre Rechtmässigkeitserklärung schwere Kämpfe zu führen gehabt. Dreierlei Gründe sind es wohl vorzüglich gewesen, welche hier dem Aufkommen eines Notrechtes hinderlich gewesen sind.

1) Einmal das an sich gewiss berechtigte Streben der Gesetzgebung und Wissenschaft, zusammengehörige Dinge durch möglichst allgemein gefasste Bestimmungen nach einem einheitlichen Gesichtspunkte zu regeln. Nun widerstreben aber die Fälle, die sich alle unter den Notstandsbegriff im engeren Sinne subsumieren lassen, einer einheitlichen Regelung in demselben Masse, als die Notwehr zu ihr hindrängt. Da es z. B. offenbar widersinnig erschien, jemandem

---

[75]) Was lediglich in Bezug auf ihren rechtlichen Charakter auch zweifellos richtig, aber leider, wie die Ausführungen des folgenden Kapitels ergeben werden, durchaus nicht unbestritten ist. Grundsätzlich wird das Bedürfnis und die Berechtigung eines Notwehrrechtes geleugnet, von Geyer, Lehre von der Notwehr (Jena 1857), S. 15. Vgl. dazu Seeger, Abhandlung aus dem Strafrecht (Tübingen 1858) I. S. 440—457. Treffend sagt Hälschner, Das gemeine deutsche Strafrecht I. S. 477: „Dürfte von angeborenen, von Urrechten des Menschen die Rede sein, so würde vor allem das R. der Notwehr als solches zu bezeichnen sein".

[75a]) o. S. 20 f.

[76]) Näheres darüber im 2. Kapitel.

ein Recht darauf zu geben, sein Leben oder gar die Unversehrtheit seines Körpers auf Kosten eines fremden Lebens zu retten; einem, ihm vielleicht äusserst wertvollen Gegenstand zu liebe eine, objektiv betrachtet, viel höherwertige Sache eines Dritten zu vernichten[77]), so kam man ganz allgemein zu dem Schlusse, dass es absurd sei, die Notstandshandlung, ebenso wie die Notwehr, für rechtmässig zu erklären, und übersah dabei, dass es eben doch Fälle giebt, wo dies ein dringendes Erfordernis der Gerechtigkeit ist[78]). Zum Teil suchte man letzterer wohl dadurch zu genügen, dass man, um an der Rechtswidrigkeit der Notstandshandlung festhalten zu können, eine Reihe von Fällen, die hierher gehören, unter den Begriff der Notwehr stellte, ein Verfahren, das nicht nur unlogisch, sondern u. E. auch unzulässig ist[79]).

2) Zweitens machte hier die Frage nach der Schadensersatzpflicht ganz besondere Schwierigkeiten. Da nämlich im Sinne der herrschenden Lehre noch bis vor kurzem die Ersatzpflicht prinzipiell abhängig war vom Verbotensein der schädigenden Handlung, die im Notstande vorgenommene Rechtsverletzung aber nach dem Gefühle aller billig denkenden Menschen sehr oft eine solche Ersatzpflicht

---

[77]) Ich töte z. B. einen kostbaren Bernhardinerhund, der sich an einem, an sich durchaus wertlosen, aber mir Familienerinerungen halber sehr teuren Gegenstande vergreift.

[78]) Umgekehrt hat eben die Erkenntnis, dass es solche Fälle giebt, dazu geführt, wiederum ganz allgemein oder wenigstens in einem ziemlich weiten Umfange die Rechtmässigkeit der Notstandshandlungen zu fordern. Dies thut z. B. Stammler, wenn er a. a. O. S. 74 ein Notstandsrecht verlangt für alle Fälle, „wo ein qualitativ höheres Recht auf Kosten des niederen oder ein quantitativ umfangreicheres auf Kosten des qualitativ gleichen aber quantitativ geringeren, oder mindestens ein qualitativ und quantitativ gleiches Recht auf Kosten des anderen erhalten werde". Hiergegen bemerkt Tobler, a. a. O. S. 20 mit Recht, dass in der Praxis diese difficile Abgrenzung der Wertunterschiede der Rechtsgüter auf unerträgliche Schwierigkeiten stossen würde und dass namentlich die Anerkennung der Rechtmässigkeit der Notstandshandlung auch für den Fall der Kollision gleichwertiger Interessen zu zwei Notstandsrechten führt, die sich gegenseitig paralysieren müssen. Aber viel zu engherzig und kurzsichtig, weil ausschliesslich in strafrechtlichen Gesichtspunkten befangen, betrachtet Tobler selbst den Notstand, wenn er die Möglichkeit eines Notstandsrechtes „mit Rücksicht auf dessen Konsequenzen (Ausschluss der Notwehr, Zulässigkeit der Nothilfe)" gänzlich leugnet.

[79]) Vgl. o. Anm. 53 a. E.

nach sich ziehen muss, so konnte eben die Notstandshandlung nicht rechtmässig sein[80]).

3) Drittens war für die Anerkennung eines Notrechtes ein bedeutendes Hindernis der Umstand, dass die ganze Lehre vom Notstande im Strafrecht abgehandelt wurde[81]), dieses sich aber ex professo nur mit widerrechtlichen Handlungen beschäftigt und seiner ganzen sekundären Natur nach für Statuierung von subjektiven Rechten wenig geeignet ist.

Dass aber für eine ganze grosse Gruppe von Fällen die Rechtmässigkeitserklärung der Notstandshandlung ein dringendes und unabweisliches Bedürfnis ist, hat Rudolf Merkel durch eine Menge von Beispielen unwiderleglich nachgewiesen. Man denke z. B. daran, dass ein in der Gefahr des Ertrinkens Schwebender sich an einem fremden Kahne festhält, dass ich, um ein ertrinkendes Kind aus einem Teiche zu erretten, über ein fremdes Grundstück laufen muss; dass ein verirrter Wanderer in einer kalten Winternacht Unterkunft in einem fremden Hause verlangt, dass ein aus einem brennenden Hause Stürzender eine fremde Wasserkanne ergreift, um seine vom Feuer erfassten Kleider zu löschen; dass ich, um aus solchem Hause einen mir gehörigen und dort befindlichen wertvollen Gegenstand zu holen, die Fensterscheiben einschlage u. s. w.[82]). Soll in allen diesen Fällen die durch die Not gebotene Handlung rechtswidrig und höchstens, aber nicht einmal durchgängig mit Strafe verschont bleiben? Soll ein Dritter, der bei diesen Rechtsverletzungen behilflich ist, sich der Teilnahme an einem Delikte schuldig machen? Und soll vor allem gegen sie die Notwehr in ihrem vollen Umfange zugelassen werden, so dass ich eventuell, wenn ich ein fremdes Menschenleben retten will, durch den geringsten Eingriff, den ich mir dabei in die Rechtssphäre eines Dritten zu schulden kommen lasse, mein eigenes Leben riskiere? „Nur ein delirierendes Recht," sagt Merkel, „könnte das zu einem Delikte stempeln wollen, was jedermann als vernünftig, billig und zweckmässig, ja vielleicht als moralisch notwendig erkennt"[83]).

[80]) Vgl. z. B. die Motive zum Schweiz. Vorentwurf eines Str. G. B. S. 32: „Ist die Notstandshandlung rechtswidrig, so verpflichtet sie gegebenen Falles auch zum Schadensersatz".

[81]) Vgl. unten Kapitel 2, unter IV.

[82]) Merkel, a. a. O. S. 37 f

[83]) Die Motive zum norwegischen Strafgesetzbuch, S. 95 (Citat aus Merkel) sagen, „dass die Verleugnung eines Notrechtes — speziell für Kollisionen zwischen

Will man nun aber, wie man es thun muss, in gewissem Umfange ein Notstandsrecht anerkennen, so müssen diejenigen Hindernisse überwunden werden, welche dieser Anerkennung bisher im Wege gestanden haben.

Es muss also zunächst von der Rechtsordnung auf eine einheitliche Regelung aller Notstandsfälle verzichtet werden. Vielmehr müssen sie in solche geteilt werden, für die ein Notstandsrecht aufgestellt werden soll, und solche, wo dieses aus bestimmten Gründen nicht statuiert werden kann.[84])

Erstens darf ein Notstandsrecht auf keinen Fall anerkannt werden zu Gunsten eines rechtswidrigen Interesses: wenn jemand z. B. unter dem Drange der Verwandtenliebe einen Angehörigen der gesetzlichen Strafe entzieht, so kann diese Handlung niemals rechtmässig sein. Ebenso darf niemals die Rechtmässigkeit festgesetzt werden für solche Handlungen, die zur Wahrung eines an sich zwar

---

Leben und Eigentum — der Moral und dem gesunden Menschenverstand ins Gesicht schlagen würde". Vgl. dagegen die Motive zum Schweizer. Strafges., a. a. O.: „Zunächst ist daran festzuhalten, dass der, der im Notstande handelt, unter keinen Umständen ein Recht ausübt"(!); und dazu die Kritik v. Liszts im Archiv für soziale Gesetzgebung und Statistik Bd. VI, S. 412.

[84]) Ebenso Berner, Lehrbuch des Strafrechts (16. Aufl.), S. 99. — Ob dann die letztere Kategorie, für welche kein Notstandsrecht gegeben ist, sich wiederum scheiden lässt in Fälle, wo der Staat seine Ver- und Gebote überhaupt ganz zurückzieht, und solche, wo er diese zwar aufrecht erhält, aber die für die Übertretung festgesetzte Strafe des Notstandes wegen erlässt (s. o. S. 23), ist eine Frage, über die im Strafrecht zu handeln wäre. Die Unterscheidung würde, namentlich mit Rücksicht auf die Teilnahme Dritter an der Notstandshandlung, nicht ohne praktische Bedeutung sein. (Vgl. auch Pernice, a. a. O. S. 71, Anm. 2, unt. 2). — Dass der Notstand heterogene Fälle in sich birgt, die schwerlich unter einen Hut gebracht werden können, zeigt sich selbst bei denjenigen Schriftstellern, die eine einheitliche Lösung des Problems versucht haben. So legt Janka, der gegenüber den Notstandshandlungen ganz allgemein nur für Straflosigkeit plaidiert, dem von ihm formulierten Paragraphen doch einen doppelten Gesichtspunkt unter, wenn er sagt (a. a. O. S. 215, 216): „Wer eine Gefahr abwendet, welche seine persönliche Existenz in ihrer wesentlichen Integrität bedroht, dessen Handlung ist nicht strafbar. Ebensowenig begeht eine strafbare Handlung, wer eine andere Gefahr abwendet, insofern das Missverhältnis zwischen der abgewendeten Beschädigung und der zugefügten Verletzung ein offen liegendes ist". Ähnlich Art. 16 des Vorentwurfs zum Schweizer. Strafgesetzbuch. (Dazu Tobler, a. a. O. S. 48 ff.) — Vgl. auch die Ausführungen v. Buri's im Gerichtssaal Bd. XXX, S. 434 ff.

berechtigten, in concreto aber verwirkten Interesses unternommen werden: Der Mörder, welcher, um der Todesstrafe zu entgehen, in der Nacht vor der Hinrichtung seinen Wärter erschlägt und entflieht, handelt zwar auch zur Rettung seines Lebens, so gut wie der Schiffbrüchige, der seinen Gefährten von der Planke, die sie beide nicht mehr tragen kann, hinunterstösst. Aber dort ist das Rechtsgut, das geschützt werden soll, durch das vorangegangene Delikt seines Trägers dem Staate und damit dem Interesse der Allgemeinheit verfallen.

Ein Notstandsrecht braucht zweitens nicht anerkannt zu werden, wo die an sich rechtswidrige Handlung, welche zur Rettung eines gefährdeten Rechtsgutes begangen wird, nicht unmittelbar eingreift in die Rechtssphäre einer anderen Person, wo also die Rechtspflichtverletzung sich nicht zugleich als eine Rechtsgüterverletzung darstellt[85]. So hätte es z. B. keinen Sinn zu sagen: der Einzelne hat ein Recht darauf, wenn er vom Geistlichen durch verletzende Äusserungen in der Predigt angegriffen wird und sich nicht anders dagegen wehren kann, die Ruhe des Gottesdienstes zu stören; und ebenso wäre es zwecklos, es für eine „rechtmässige" Handlung anzusehen, wenn jemand bei einem plötzlich ausbrechenden Brande nackt auf die Strasse läuft[86]. Vielmehr genügt es hier vollständig, wenn die Rechtsordnung mit Rücksicht auf den vorhandenen Notstand ihre Normen — in casu das durch § 167 des R. Str. G. B. resp. durch § 360 Nr. 11 aufgestellte Verbot — zurückzieht, und damit die sonst rechtswidrige zur rechtlich freien Handlung macht[87].

---

[85]) Vgl. Str. G. B., § 360, No. 10, und Strandungs-O. vom 17./5. 1874, § 9.

[86]) Hierher gehören vor allem auch die in der Judikatur sehr zahlreichen Fälle, wo Polizeiverordnungen im Notstande übertreten werden müssen. Es handelt z. B. jemand dem Verbote, mit Kinderwagen auf dem Trottoir zu fahren, entgegen, weil Pferde auf dem Strassendamme scheu werden. Oder in Berlin ist (wie Moriaud, a. a. O. S. 15 berichtet) der Fall vorgekommen, dass ein Bauer Pferd und Wagen ohne die erforderlichen Sicherheitsmassregeln auf der Strasse stehen liess (Str. G. B. § 366, No. 5), weil er einem Diebe, der ihm Eier von seinem Wagen weggenommen hatte, nachlaufen musste. Ähnliche Beispiele in der Sammlung von Entsch. des obersten bayrischen Gerichtshofes, Bd. IV, S. 272 ff.; V, S. 140 ff. Vgl. auch Annalen des Oberlandesgerichts zu Dresden, Bd. VI, S. 495. — Privatrechtlich kann in diesen Fällen das Cessieren der absoluten Verbots- oder Gebotsgesetze insofern von Bedeutung werden, als damit auch die eventuelle Ersatzpflicht, die nach § 823, Abs. 2 an die Übertretung solcher Gesetze geknüpft ist, in Wegfall kommen würde.

[87]) Dies ist verkannt vom Reichsgericht, welches in dem im Text zuerst genannten Beispiel (Entsch. in Strafs., Bd. 21, S. 168) eine Ausübung des Not-

Drittens kann niemals diejenige Notstandshandlung rechtmässig sein, durch welche zu Gunsten des gefährdeten Rechtsguts ein höherwertiges oder gleichwertiges oder nur um ein Minimum minderwertiges fremdes Interesse verletzt wird. Und zwar letzteres deshalb, weil hier die Anerkennung eines Rechtes unpraktisch wäre, da wir oft weder seine Existenz noch seinen Umfang zu erkennen im stande sein würden, die Rechtsordnung aber gerade für die Fälle des Notstandes, bei denen es auf ein rasches, durch den Augenblick gebotenes Handeln ankommt, den Einzelnen nicht im unklaren über seine Befugnisse lassen darf[88]).

Hingegen muss das Notrecht überall da anerkannt werden, wo ein gefährdetes, rechtmässiges und schwerwiegendes Interesse sich nur behaupten kann durch Verletzung eines anderen, in concreto beträchtlich minderwertigen Rechtsgutes[89]). Und zwar gründet sich hier das Notrecht in der Überlegung, dass alle von der

---

wehrrechts (!) angenommen hat. Der richtige Gesichtspunkt scheint uns aber auch ferner nicht genügend gewürdigt zu sein bei Merkel, a. a. O. S. 38, der für die im Text zu zweit geschilderte Handlung den Charakter der Rechtmässigkeit fordert. Es ist dies eine Folge davon, dass er überhaupt die Möglichkeit einer rechtlich freien Handlung leugnet (darum lehnt er auch die Vorstellung, dass der Staat im Notstand sein Verbot zurückziehe, ganz allgemein, aber u. E. zu Unrecht ab); und dies ist wiederum die Folge seiner eigentümlichen, uns nicht ganz verständlichen Auffassung, wonach das Kriterium der verbotenen Handlung darin liegen soll, „dass sie von Dritten willkürlich verhindert werden darf", während die „erlaubte" Handlung „den Schutz der Rechtsordnung gegen Hemmungen durch Dritte geniesse". In Konsequenz dieser Sätze hält er den Selbstmord für die einzige rechtlich freie Handlung, insofern er zwar nicht verboten ist, trotzdem aber von Dritten willkürlich verhindert werden darf, „also auch nicht erlaubt in dem betonten Sinne ist;" deshalb falle er in ein „rechtlich neutrales Gebiet", „stelle ein rechtliches ἀδιάφορον dar". — Aber wir bestreiten erstens, dass die rechtlich freie Handlung für die Rechtsordnung immer ein ἀδιάφορον sei, zweitens, dass die verbotene Handlung von jedem Dritten, „sobald ein öffentliches Interesse im Spiel ist", verhindert werden darf; und glauben schliesslich: die Thatsache, dass jeder ungestraft den Selbstmord verhindern darf, hat darin ihren Grund, dass nach den gewöhnlichen Auschauungen der Gesellschaft, derjenige, der sich das Leben nimmt, in einer Art von Wahnsinn handelt, und wir ihn darum, wenn wir das verhindern, gewissermassen nach dem Gesichtspunkt der Nothilfe gegen sich selbst verteidigen.

[88]) „Im Notstand hat man weder Zeit noch Gelegenheit zum Nachschlagen von Registern". Berner, Lehrbuch (16. Aufl.) S. 101. —

[89]) Genaueres hierüber im 3. Kapitel, § 2.

Rechtsordnung aufgestellten Rechte und Pflichten nur relativer Art sind, „bedingt durch die Möglichkeit des gesellschaftlichen Zustandes, des vernünftigen Zusammenlebens“[90]). Wer, um sein Leben zu erhalten, ein fremdes Brot, oder, um sein ganzes Vermögen zu retten (z. B. vor dem Feuer), ein fremdes Saatfeld opfert, über das er zu diesem Zwecke laufen muss, handelt mehr im Interesse der Allgemeinheit, als derjenige, welcher diese Güter in borniertem Doktrinarismus, lediglich einem Rechtssatze zu liebe untergehen lässt[91]). Darum kann die Rechtsordnung, da sie eben in erster Linie die Interessen der Allgemeinheit berücksichtigen soll, nicht umhin, als derartige Handlungen für rechtmässig zu erklären[92]).

Da es nun aber ganz und gar nicht im Interesse der Gesamtheit liegt, dass derjenige, dessen Rechtsgut zu Gunsten eines höherwertigen fremden Interesses verletzt worden ist, den Schaden, der nach dem Gesetze des Zufalls einen Anderen treffen sollte, endgiltig auf sich nehme; es vielmehr billig erscheint, dass derjenige, der im Notstande, wenn auch rechtmässiger Weise in eine fremde Rechtssphäre einge-

---

[90]) Etwas naiv ist es, wenn die ältere Doktrin im Anschluss an Hugo Grotius (de jure belli ac pacis II, 2 § 6) das Notstandsrecht auf einen antediluvianischen Kommunismus, auf eine vor Alters bestandene Gütergemeinschaft gründet und darum meint „in gravissima necessitate reviviscere jus illud pristinum rebus utendi, tamquam si communes mansissent“. Darüber spottet mit Recht Leyser, meditationes ad Pandectas, spec. 537. —

[91]) Sehr anschaulich sagt Berner „de impunitate propter summam necessitatem proposita“ (Berlin 1861): „si excusatione opus esset iis, qui laesa proprietate aliena vitae periculum effugerint, consequeretur melius et virtuti convenientius eos acturos fuisse vita pro alienis bonis profusa, essetque vir optimus et sapientissimus, qui, dum aquis mersus perire periclitatur, rem alienam aliquam, qua abrepta saluti suae consulere posset, non abriperet et pro proprietate aliena „mori dulce et decorum putaret“. Mehercule non sapientissimus, sed stultissimus, cuiusque mors non herois, sed dementis est. Afferte non martyris coronam sed scurrae cucullum, quo caput ejus digne exornemus!“

[92]) Dies hat Merkel „in überzeugender und geradezu abschliessender Weise“ dargethan. — Mit dem Verzicht auf eine einheitliche Behandlung aller Notstandsfälle muss natürlich auch der Versuch einer einheitlichen Begründung des rechtlichen Einflusses des Notstandes aufgegeben werden. Dort, wo ein Notrecht statuiert wird, oder wo der Staat seine Gebote oder Verbote zurückzieht, hat dies in der Relativität aller Rechtssätze seine Ursache. Dort, wo der Notstand nur Strafausschliessungs- oder Strafmilderungsgrund ist, wurzelt sein Einfluss in der Stärke der Motive, die bei dem Handelnden wirksam sind: es soll von dem Menschen kein übermenschlicher Heroismus verlangt werden.

griffen hat, den angerichteten Schaden hinterher ersetze, so ist ferner für die Statuierung eines Notrechtes ein Abgehen von dem Deliktsstandpunkte in der Frage der ausserkontraklichen Schadensersatzpflicht und eine Anerkennung des Grundsatzes, dass die Ersatzpflicht sich auch mit der Rechtmässigkeit einer Handlung verträgt, durchaus erforderlich[93].

Vor allem aber ist notwendig, dass die Notstandsmaterie der ausschliesslichen Herrschaft des Strafrechts entzogen und in erster Linie im Privatrecht abgehandelt wird.

Denn wenn bestimmte Notstandshandlungen im engeren Sinne — und dasselbe gilt von der Notwehr und gewissen Akten der Selbsthilfe — rechtmässig sein sollen, so müssen sie sich nach dem oben, am Eingange des Kapitels Gesagten als Ausfluss eines subjektiven Rechtes darstellen[94]. Da es sich hier aber um Rechte handelt, die dem Einzelnen gegenüber dem Einzelnen zustehen, so können sie nur als subjektive Privatrechte angesehen werden. Sehr zu Unrecht behauptet Binding (Handbuch, S. 734), das Notwehrrecht sei „wie alle Rechte zur Anwendung von Zwangsgewalt ein öffentliches Recht, aber ein solches, in dessen Besitz alle Rechtssubjekte gleichmässig konkurrieren.“ Dann müsste auch das partikularrechtlich noch bestehende Pfändungsrecht und das Recht der Selbsthilfe, soweit es anerkannt ist, ebenso den öffentlichen Rechten zugezählt werden, was Binding selbst an anderer Stelle leugnet[95]. Wenn es richtig ist, was die Motive zum B. G. B. Bd. I S. 1 sagen, dass nämlich „das bürgerliche Recht sich im allgemeinen als der Inbegriff derjenigen Normen bezeichnen lasse, welche die den Personen als Privatpersonen zukommende rechtliche Stellung und die Verhältnisse, in welchen die Personen als Privatpersonen untereinander stehen, zu regeln bestimmt sind“, so lässt sich kein Grund finden, warum die Rechte auf eigenmächtigen Eingriff in die Güterwelt eines anderen, die uns als Privatpersonen von der Rechtsordnung verliehen sind, nicht unter diesen Inbegriff von Rechtssätzen fallen sollen[96].

---

[93]) S. Merkel, a. a. O. S. 104 ff. und die dort citierten Autoren.

[94]) Die Möglichkeit dieser Auffassung leugnet, aber u E. ohne triftigen Grund Sjögren, a. a O. S. 429, 430. Zugegeben wird sie von Rümelin, a. a. O. S. 38 und Binding, a. a. O. S. 790.

[95]) Handbuch S. 789. — Von der „privatrechtlichen Anerkennung“ der Notwehr spricht z. B. Gierke, Der Entwurf eines bürgerl. Gesetzb. und das deutsche Recht, S. 180.

[96]) Quod ad singulorum utilitatem spectat, jus privatum est!

Wir meinen also, dass sich fortan die Befugnisse der Notwehr und des Notstandes, soweit sie sich als eine Rechtsausübung darstellen, aus dem Civilgesetzbuche, und nicht wie bisher aus dem Strafgesetzbuche zu ergeben haben. Nur insofern, als eine Gruppe von Rechtsverletzungen im Notstande, wie wir gesehen haben, rechtswidrig zu bleiben hat, müssen sich Strafrecht und Civilrecht in die Materie teilen. Dabei ergiebt sich die Frage nach dem Verhältnisse dieser beiden Rechtsquellen zu einander. Und hier ist das eigentlich Selbstverständliche zu sagen, dass die Bestimmungen des Privatrechts als der grundlegenden Rechtsordnung (des droit déterminateur) denjenigen des Strafrechts als der sekundären Norm (des droit sanctionnateur) voranzugehen haben. Soweit also von Civilrechtswegen ein Notstandsrecht anerkannt worden ist, können die innerhalb der Grenzen desselben vorgenommenen Handlungen niemals mit Strafe belegt werden, mag das Strafgesetzbuch auch einen anderen und vielleicht engeren Notstandsbegriff aufgestellt haben. Nur soweit Rechtsverletzungen im Notstande nicht durch die im Privatrecht erfolgte Rechtmässigkeitserklärung gedeckt sind, soweit sie also rechtswidrig bleiben, kann das Strafrecht in Thätigkeit treten und für diese Fälle von sich aus bestimmen, in welchem Umfange die Rechtsordnung, der besonderen Situation des Handelnden Rechnung tragend, ihre Verbote oder wenigstens ihre Strafen zurückziehen oder mildern will[97]).

[97]) Und hierfür dürfte die enge Fassung des § 54 des Str. G. B. in der Hauptsache ausreichend erscheinen. Nur das Eine wäre allerdings noch wünschenswert, dass die Relativität aller absoluten Verbotsgesetze insoweit einen allgemeineren Ausdruck im Gesetze fände, dass der Richter auch in solchen, wie oben S. 29 geschilderten Fällen, ohne sich de lege lata einer Willkür schuldig machen zu müssen, zu einer Freisprechung gelangen könnte. — Das hier besprochene Verhältnis von Civil- und Strafrecht ist übrigens durchaus nicht von der Litteratur und Judikatur immer richtig erfasst worden. Vgl. z. B. die unten Kap. 2. Anm. 90 citierten eigentümlichen Ausführungen des Reichsgerichts (Entsch. in Civils. Bd. V S. 261), denen zufolge jemand wohl ein civiles Notrecht ausüben und darum ersatzfrei bleiben, aber trotzdem mit öffentlicher Strafe belegt werden kann; und ferner den in der Zeitschrift für Verwaltung und Rechtspflege im Grossherzogtum Oldenburg, Bd. XIII S. 357 ff., abgedruckten Passus aus der Berufungsschrift einer Staatsanwaltschaft, wonach es „fraglich ist, ob für die strafrechtliche Beurteilung einer Handlung civilrechtliche Normen dann zu beachten sind, wenn das Strafrecht über den Gegenstand abweichende und zwar den Notstand beschränkende Rechtssätze enthält". (!!) — Ganz scharf ist auch

Es könnte sodann die Frage aufgeworfen werden: welcher Art von Rechten sind denn jene subjektiven Privatrechte, die wir fortan als Notrechte oder als Notstandsrechte[98]) bezeichnen wollen, zu unterstellen? Dass sie nicht relativer Natur sind, dürfte auf den ersten Blick zu erkennen sein, denn sie stehen uns ja gegen jeden beliebigen Dritten zu, dem gegenüber wir uns in der fraglichen Situation befinden. Es sind also absolute Rechte. Aber es sind weder Rechte an einer Person, noch Rechte an einer Sache[99]). Sondern es sind objektlose Rechte[100]). Sie enthalten nur die Befugnis zu einem Handeln und zwar zu einem eigenmächtigen Eingriff in die Rechtssphäre dritter Personen, falls eine bestimmte Lage, welche die Voraussetzung dieser Rechte bildet, gegeben ist[101]).

---

bei Pernice, a. a. O. S. 71 Anm. 2 das wahre Verhältnis von Civil- und Strafrecht nicht zum Ausdruck gekommen. Richtig: Binding, Grundriss, S. 127. (s. aber auch unten Kap. 3, § 1 Anm. 10) und Endemann, a. a. O. (3. Aufl.) S. 366. — Ausführlich behandelt ist die Frage von Merkel, a. a. O. S. 20—49.

[98]) Notstand hier im weiteren Sinne genommen. Gemäss der oben S. 20 gemachten Unterscheidung lassen sich jene Rechte einteilen in das Recht der Notwehr, in das Notstandsrecht im engeren Sinne und in das Recht der Selbsthilfe.

[99]) In dieser Art hat Nägeli, Das germanische Selbstpfändungsrecht in seiner historischen Entwickelung (Zürich 1876) § 32, das Pfändungsrecht als ein „dingliches Recht“ auf Besitzergreifung an einer res aliena konstruieren wollen, was u. E. verfehlt ist. Auch Blume a. a. O. spricht hier ebenso missverständlich von „dinglichen Verfügungsrechten“.

[100]) Vgl. hierzu Bekker, System I. S. 48 und 50.

[101]) Rechte auf eine Handlung und zwar auf einen, wenn auch nicht immer eigenmächtigen Eingriff in die Rechtssphäre eines Dritten lassen sich auch sonst noch im Privatrecht finden. Als ein solches stellt sich z. B. die Befugnis des Besitzers einer sogen. konzessionspflichtigen Anlage dar, benachteiligend auf ein benachbartes Grundstück einzuwirken, „falls Einrichtungen, welche die benachteiligende Wirkung ausschliessen könnten, unthunlich, oder mit einem gehörigen Betriebe des Gewerbes unvereinbar sind“. Denn nach § 26 der Gewerbe-Ordnung kann der geschädigte Eigentümer in einem solchen Falle niemals auf Einstellung des Gewerbebetriebes, sondern nur auf Schadloshaltung klagen. Vgl. Baron, Pandekten (8. Aufl.) S. 237. Nach § 867 des B. G. B. hat derjenige, dem eine Sache aus der Gewalt gekommen und auf ein im Besitze eines Anderen befindliches Grundstück gelangt ist, zwar nicht ohne weiteres ein Recht, sie eigenmächtig dort wegzuholen (vgl. o. Anm. 67), wohl aber einen eventuell mit Klage geltend zu machenden Anspruch darauf, das Grundstück betreten, die Sache aufsuchen und wegschaffen zu dürfen. Auch hier handelt es sich nicht um ein dingliches, sondern nur um ein Recht auf die Vornahme einer, in die Rechtsgüterwelt eines Dritten eingreifenden, Handlung. Dasselbe gilt von § 962, wonach der Eigen-

Im Vergleiche zu den übrigen subjektiven Privatrechten haben sie weiterhin die Eigentümlichkeit, dass sie erstens unverzichtbar sind, was darin seinen Grund hat, dass sie den Schutz der Rechtspersönlichkeit in ihrer vollen Integrität bezwecken, also zur Sicherung eines Rechtsgutes bestimmt sind, das selbst ein unveräusserliches ist[102]; und dass sie zweitens niemals klageweise geltend gemacht werden können, also keinen Anspruch im Sinne der actio gewähren, „der höchsten Karte, die das Privatrecht auszuspielen vermag“[103]. Das ist aber nicht eine Folge davon, dass sie keine Rechte sind, sondern dass sie Rechte sind, die nur für einen kritischen Augenblick gegeben und für den Moment der Gefahr berechnet sind[104]. Sie können aber sehr wohl einredeweise in den Prozess eingeführt werden: man denke z. B. an den Fall, dass der aus § 823 (jct. 844) des B. G. B. von den Hinterbliebenen eines Erschlagenen auf Rentenzahlung Verklagte einwendet, er habe den Getöteten in echter Notwehr erschlagen[105]. —

tümer eines Bienenschwarms bei der Verfolgung desselben fremde Grundstücke betreten darf. Förster-Eccius sprechen hier mit Rücksicht auf die §§ 122, 178, 293—297, A. L. R. I, 9 ganz treffend von „Betretungsrechten“. (Preuss. Privatr. III. S. 180.) — Rechte auf Handlungen sind auch die zahlreichen Aneignungsrechte des deutschen Rechts.

[102]) Von Bedeutung für den unten Kap. 3, § 1 Anm. 5 gedachten Fall.

[103]) Wendt, Pandekten, S. 18.

[104]) Das übersieht Sjögren, wenn er a. a. O. S. 429 den hier in Rede stehenden Befugnissen den Rechtscharakter abspricht, „weil sie nicht eines Rechtsschutzes fähig seien, der demjenigen der unbestrittenen Rechtsausübungsakte analog ist“.

[105]) Vgl. Reichsgericht, Entsch. in Civils. Bd. 21 S. 295; Bd. 33 S. 352; Seufferts Archiv, Bd. XLII No. 295. — Wenn sie aber auch nicht klagbar sind, so sind jene Notstandsrechte von der Rechtsordnung doch keineswegs gänzlich schutzlos gelassen worden. Da sie die Befugnis zu einem Handeln gewähren, so wird zunächst ein Angriff auf sie in den meisten Fällen zugleich einen Angriff auf die Freiheit des Berechtigten involvieren. Und insoweit sind sie jedenfalls sowohl strafrechtlich wie civilrechtlich geschützt. (Str. G. B. § 240; B. G. B. § 823 Abs. 1.) Aber auch da, wo ihre Verletzung ausnahmsweise nicht zugleich einen Angriff auf die Freiheit des Berechtigten bedeutet, dürfte künftig die Verletzung jener Notrechte eine Schadenshaftung begründen, da letztere unbedenklich dem „sonstigen Recht“ des § 823 Abs. 1 unterstellt werden können. Gegen denjenigen, der in concreto die Notstandhandlung zu dulden verpflichtet ist, steht dem Berechtigten ausserdem noch das Recht der Selbsthilfe nach § 229 des B. G. B. zu. Darüber unten Kap. 3, § 3.

Was endlich die Stellung dieser Rechte im Systeme des Privatrechts angeht, so müssen sie, weil sie einerseits dem Schutze aller Rechtsgüter dienen und andererseits den Schutz, den diese erfahren, insofern begrenzen, als sie unter Umständen gerade einen Eingriff in dieselben gestatten, vor den besonderen Rechten, somit im allgemeinen Teile abgehandelt werden[106]. —

Wir wollen nun im folgenden untersuchen, inwieweit durch das neue deutsche Civilgesetzbuch der von uns aufgestellten Forderung, dass die Notstandsrechte sich aus dem Privatrechte zu ergeben haben, entsprochen wird; m. a. W. wir wollen untersuchen, ob überhaupt, unter welchen Voraussetzungen, in welchem Umfange und mit welcher Wirkung das B. G. B. Notstandsrechte anerkannt hat. —

Vorher aber sei es uns gestattet, in einer kurzen historischen Übersicht ihr Dasein im bisherigen Rechte nachzuweisen. Im Hinblick auf unser eigentliches Thema werden wir uns hierbei aller Details enthalten und uns in der Hauptsache auf die Konstatierung ihrer Existenz oder Nichtexistenz beschränken. —

[106]) Was die Motive I. S. 348 und die Denkschrift S. 57 hierüber bringen, trifft die Sache noch nicht in ihrem Kernpunkt.

Zweites Kapitel.

Zur Geschichte der Notstandsrechte.

I. Älteres deutsches Recht*). — Bei dem Versuche, eine Skizze zu entwerfen von der Behandlung der Notstandsfälle im älteren deutschen Rechte, kommen uns die alten Quellen, wie natürlich, weder durch allgemeine Definitionen von Notwehr und Notstand zu Hilfe, noch etwa durch eine scharfe theoretische Unterscheidung von solchen Fällen, wo ein subjektives Recht existiert, in der Not fremde Interessen zu verletzen, und solchen, wo trotz einer Zwangslage die Rechtsverletzung rechtswidrig bleibt und höchstens mit Strafe verschont wird. Vielmehr erfahren wir von dem Einflusse des Notstandes immer nur bei Gelegenheit derjenigen Delikte, die am häufigsten in ihm begangen werden: also im Anschlusse an die Tötungsverbrechen, den Diebstahl und die Sachbeschädigung. Die Wandlung aber, welche diese durch den Notstand in ihrem rechtlichen Charakter erleiden, werden wir für jene primitive Zeit, in der sich die Differenzierung von Privatrecht und Strafrecht noch nicht vollzogen hat, in der Hauptsache darnach zu beurteilen haben, ob und wie weit die gewöhnliche Strafe im einzelnen Falle ausgeschlossen wird [1]).

*) Levita, Recht der Notwehr (Giessen 1856). — Geyer, Lehre von der Notwehr (Jena 1857). — Seeger, Abhandlungen aus dem Strafrecht I. (Tübingen 1858) S. 180—208. — Stammler, a. a. O. — Osenbrüggen, Das Strafrecht der Langobarden (Schaffhausen 1863). — Ders., Das alamannische Strafrecht im deutschen Mittelalter (Schaffhausen 1860). — John, Das Strafrecht in Norddeutschland z. Z. der Rechtsbücher I. (Leipzig 1858). — Hammer, Die Lehre vom Schadensersatz nach dem Sachsenspiegel und den verwandten Rechtsquellen in Gierkes Untersuchungen zur deutschen Staats- und Rechtsgeschichte, Heft 19.

[1]) Auch die Art der Strafe, namentlich die Art der Busse wird hierbei zu berücksichtigen sein. Siehe über letztere: Brunner, Deutsche Rechtsgeschichte II. § 136; Ders., „Über absichtslose Missethat im altdeutschen Strafrechte“, aus den Sitzungsberichten der Berliner Akademie 1890 Bd. 2 S. 815 ff; Schmidt, Schadensersatz in den Volksrechten (in Gierkes Untersuchungen etc. Heft 18).

Was zunächst die Notwehr angeht, so war bei ihr das Recht zur Verletzung des Angreifers mit dem ursprünglichen Tötungsrechte bei handhafter That von selbst gegeben [2]). Letzteres schon stellt sich dar als die Beschränkung einer anfangs noch viel weiter ausgedehnten Befugnis zur Privatrache. Aber auch in dieser beschränkten Form geht das Tötungsrecht bei handhafter That noch weit über die Grenzen eines Notwehrrechtes hinaus. Es liegen ihm wesentlich andere Gesichtspunkte als der einer „erforderlichen Selbstverteidigung" zu Grunde: teils die Befriedigung des Rachebedürfnisses für den in seinem Rechtsfrieden Gestörten, teils ist es der Ausfluss einer ausgedehnten hausrechtlichen Gewalt, die innerhalb ihrer Sphäre, gleich einem Staate im kleinen, selbst strafend und selbst richtend auftritt [3]). Mit der Zeit suchte aber die erstarkende Staatsgewalt dieses weitergehende Tötungsrecht immer mehr auf den Fall der eigentlichen Notwehr zu beschränken [4]).

Dass letzterer da, wo er vorlag, dem Angegriffenen ein Recht zur Selbstverteidigung gab, demzufolge seine Handlung frei blieb von Fehde und Busse oder sonstiger Strafe, geht aus mehreren Quellenzeugnissen klar hervor [5]).

So heisst es in der Lex Burgundionum 29,2: Quodsi superventum inferens ab his, quos latrocinio suo crediderat expetendos fuerit

[2]) „Durch den grundlosen Angriff hatte der Angreifer den Frieden verwirkt, so dass er als friedloser Mann getötet werden darf." Brunner, Rechtsgeschichte I. S. 158. II. S. 632.

[3]) Dies zeigt sich namentlich in den weitgehenden Befugnissen gegen den fur manifestus und gegen die beim Ehebruche betroffene Ehefrau.

[4]) Vgl. z. B. Lex Rib. 77: Si quis hominem super rebus suis comprehenderit et eum ligare voluerit et non praevaluerit ligare et eum interfecerit, conjuret etc.; Decret. Thassil. de popul. leg. IV, 3 (LL III. S. 464): Similiter, qui liberum vel mancipium suum furaverit et comprehendere minime quiverit, et ibidem interfecerit reum etc.; und Edikt. Roth. 32, 33: De homine libero, si nocte in curte alterius inventus fuerit et non dans manus legandi et occiditur, a parentibus non requiratur. — Von jenem weitergehenden Tötungsrechte handelt Geyer, a. a O. S. 75—87.

[5]) Und zwar blieb dieses Notwehrrecht auch dann noch übrig, wenn jenes weitergehende Tötungsrecht etwa aus Mangel einer notwendigen Vorausssetzung cessierte. Ein Beispiel dafür findet sich in den angelsächsischen Quellen, (die bei der inneren Verwandtschaft mit dem deutschen Rechte immerhin einmal herangezogen werden können), und zwar in Aelfreds Mosaischen Gesetzen cap. 25 (Schmid, Gesetze der Angelsachsen S. 35): „Wenn ein Dieb jemandes Haus des Nachts erbricht und er wird da erschlagen, so sei der nicht des Totschlags

interfectus, nulla interfectoribus ab occisi dominis aut parentibus moveatur ex hac parte causatio; und im Edikte des Königs Rothari, cap. 280, wo von einem Aufstande aufrührerischer Bauern gesprochen wird: Et si aliquis ex ipsis rusticis occisus fuerit, non requiratur, quia ille, qui eum occidit, se defendendum et res suas vindicandum hoc egit[6]).

Auch in den fränkischen Formelsammlungen finden sich Stellen, welche das Recht der Selbstverteidigung unzweifelhaft ergeben. In den formulae Turonenses 30 (bei Zeumer in den LL sectio V S. 152) steht z. B. geschrieben: Auctoritate legis praeceptum est.... siquis ad rapinam faciendam aggreditur aut iter agentem insidiaverit aut domum alterius nocturnus spoliaverit, mors animae ne requiratur. Und noch klarer tritt es zu Tage in den Cartae Senonicae 17 (Zeumer S. 191): Hic juro per hunc loco sancto et Deo altissimo et virtutis sancto illo: homo alicus nomen ille, ira factus, apud arma sua super me venit et colappus super me misit; et sic mihi Deus directum[7]) dedit, ego ipso de arma mea percussi, tales colappus ei dedi, per quid ipse mortuus est; et quod feci, super me feci[8]). —

Trotz dieser ausdrücklichen Quellenzeugnisse wird die Existenz eines Notwehrrechtes für die fränkische Zeit bestritten, und zwar deshalb, weil in den Quellen an das „occidere se defendendo" bisweilen, entweder ganz oder teilweise, die Zahlung der compositio geknüpft wird[9]).

---

schuldig, der ihn erschlug. Wenn er es aber später, nach Sonnenaufgang that, so ist er des Totschlags schuldig, und er sterbe dann selbst, ausser wenn er aus Not es gethan hat."

[6]) Geyer, der überhaupt darauf ausgeht, den Nachweis von der Nicht-Existenz eines Notwehrrechtes in älterer Zeit zu führen, meint, es handele sich hier nicht um Notwehr, sondern um jenes oben erwähnte weitergehende Tötungsrecht. Inhalt und Wortlaut der Stelle sprechen gegen diese Annahme. — Für das Recht der Notwehr vgl. auch Edikt. Roth. 323 a. E. und Edikt. Liutpr. 143.

[7]) i. e. „droit."

[8]) Vgl. zur Situation Sohm in der Zeitschrift für Rechtsgeschichte Bd. V S. 450.

[9]) So Geyer, a. a. O., Osenbrüggen, Strafrecht der Langobarden S. 8, 66 ff., Heusler, Institutionen des deutschen Privatrechts Bd. II. S. 263; Meyer, Lehrbuch des Strafrechts (5. Aufl.) S. 276. Es handelt sich hier vor allem um die cap. 20, 62 des Edikt. Liutpr. Vgl. aber auch Lex Burgund. 50, 1; ferner die Capitularien Ludwigs I. von 818/9 c. 1 (Boretius, LL sectio II tom. 1 S. 281) und von 829 (ebendaselbst tom. 2 S. 18).

Aber dieses „occidere se defendendo" darf nicht immer ohne weiteres wiedergegeben werden mit dem, was wir Tötung in Notwehr nennen[10]). Es bedeutet nicht lediglich die Verteidigung im begrifflichen Gegensatze zum Angriff. Vielmehr gebrauchen, wie Wilda erkannt hat[11]) — und Brunner ist ihm hierin beigetreten —, die Quellen diese Worte mitunter in einem technischen Sinne, um durch sie das Gegenteil von dem sogenannten vermessentlichen Totschlage zum Ausdruck zu bringen, von demjenigen homicidium, das „superveniendo" „super alium ambulando" geschieht, ohne dass dieser alius seinerseits eine Veranlassung zu diesem Angriffe gegeben hatte[12]), wo also nicht das Benehmen des Getöteten, sondern nur die feindselige Absicht des Totschlägers die causa des Totschlages war. Positiv gesprochen: unter dem occidere se defendendo ist der Fall zu verstehen, wo der Totschläger insofern aliqua necessitate cogente handelt, als er von dem Getöteten vorher gereizt worden ist und ihn dann im Affekte erschlägt[13]). Es würde also einmal unter diesen Begriff der Notwehrexzess fallen. Ferner aber fallen vor allem darunter die bei einem so wehrhaften und zanksüchtigen Volke, wie die Germanen es gewesen sind, gewiss sehr häufigen Vorkommnisse, wo zwei miteinander in einen Streit geraten waren, und wo der Thäter „ohne die bestimmte Absicht, seinen Gegner umzubringen oder in vorgesetzter Weise an Leib und Gesundheit zu beschädigen, sich durch irgend eine von diesem gegebene Veranlassung hatte zum blutigen Angriff hinreissen lassen"[14]).

[10]) Dass es diese Bedeutung haben kann, hat die oben mitgeteilte Stelle aus dem Edikt. Roth. bewiesen.

[11]) „Das Strafrecht der Germanen" (Halle 1842) S. 563 f.

[12]) Er befand sich vor der That „simpliciter gradiens", wie die Quellen sagen.

[13]) In einem Capitulare Karlmanns von 885 wird sogar von demjenigen, der im Widerstande gegen die Staatsgewalt gefallen ist, gesagt: „se defendendo occisus est." Pertz in den LL I. S. 551 f.

[14]) Wilda, a. a. O. — Leider haben sich weder Levita noch Geyer der Ansicht Wildas angeschlossen. Hätten sie es gethan, so würde ersterer nicht notwendig gehabt haben, den schwierigen Beweis für seine Behauptung anzutreten, dass die cap. 20, 62 Liutpr., aus denen sich die Wergeldzahlung nun einmal nicht hinausinterpretieren lässt, lediglich „transitorische Gesetze" seien; und letzterer wäre nicht zu seiner vollkommenen Negation des Notwehrrechtes gekommen, die für jene Zeiten ursprünglicher Kraft und trotzigen Selbstbewusstseins doch gewiss etwas Unwahrscheinliches hat. Osenbrüggen, a. a O. S. 69 sieht zwar in Liutpr. 20 „einen solchen Angriff, wie er unter freien, wehrhaften Männern eines Soldatenvolkes alltäglich vorkam", hält aber das se defendere doch für

Es sind also jene Stellen, wo an das homicidium se defendendo die Zahlung des Wergeldes geknüpft wird, weit davon entfernt, etwas gegen die Existenz eines Notwehrrechtes in fränkischer Zeit zu beweisen. Vielmehr ist die erforderliche Selbstverteidigung — und zwar, wie Edikt. Roth. 280 beweist, auch die zum Schutze des Vermögens erfolgende — vom alten deutschen Rechte zweifellos als eine rechtmässige Handlung angesehen worden und hat keinerlei Rechtsnachteile im Gefolge gehabt. Doch liegt jene nur da vor, wo es sich um die Abwehr eines grundlosen, böswilligen Angriffs handelt, so dass von ihr zu scheiden ist einmal die Handlung im Notwehrexzess[15]), die milder gebüsst wird, als die willentliche That, und ferner die Rechtsverletzung, die dem Gegner zugefügt wird in einem offenen Streite. Die Reaktion gegen sie scheint zu verschiedenen Zeiten verschieden gewesen zu sein, wahrscheinlich je nach der Häufigkeit der Fälle und der Stärke der Staatsgewalt. Bald hat der Thäter nur die halbe, bald die ganze Wergeldsumme zu zahlen[16]). Letzteres aber immer nur dann, wenn das interficere superveniendo unter noch härtere Strafen gestellt ist. Bisweilen treten diese Folgen verschieden ein, je nachdem, ob der Getötete oder der Totschläger der auctor rixae war[17]).

---

einen echten Fall der Notwehr und sucht dann hier die Wergeldzahlung, im Gegensatz zu Rothar. 280 und Liutpr. 143 (wo von der Zusammenrottung aufständischer Weiber die Rede ist) damit zu rechtfertigen, dass es sich dort um „qualifiziert strafwürdige", „ein Skandalum darstellende Vorgänge" handelt, bei denen „das starke Unrecht auf Seite der angreifenden Rotten die Verpflichtung zur Wergeldzahlung absorbiert". Es scheint uns nicht, als ob er damit das Richtige getroffen hätte. — Seeger, a. a. O. S. 96 hat sich den Ausführungen Wildas angeschlossen.

[15]) Von ihm ist die Rede in Lex Burgund. 2, 2: si cui forte a quocunque illata vis fuerit, ut aut ictibus verberum aut vulneribus urgeatur, et dum insequitur percutientem dolore aut indignatione compulsus occiderit, medietatem pretii secundum qualitatem occisi parentibus cogatur exsolvere. Vgl. ebendaselbst 48, 4.

[16]) Dass in dem oben citierten Capitulare Ludwigs I. von 818 die Verwandten des Erschlagenen gar keine Sühne bekommen, sondern dieser „absque compositione jaceat", ist hier nicht als Vergünstigung des Thäters, sondern als Strafe für den Getöteten gedacht, weil er den Streit in das Innere der Kirche hineingetragen hat. Ersterer muss dafür die dreifache Wergeldsumme an die ecclesia zahlen, quam homicidio polluerat, „et insuper bannum nostrum".

[17]) So in dem Capitulare von 829, wodurch das obige im kirchenfeindlichen Sinne abgeändert wurde.

Ebenso wie für die fränkische Periode wird die Zahlung des Wergeldes behauptet und damit die Existenz eines Notwehrrechtes geleugnet für das spätere Mittelalter, für die Zeit der Rechtsbücher[18]); und zwar auf Grund des Artikels 14 des 2. Buches des Sachsenspiegels, der freilich hierfür ebensowenig beweiskräftig ist, als es die angeführten Stellen der Volksrechte gewesen sind. — Der besagte Artikel lautet: Sleit en man den andern durch not to doden, unde ne darn he nicht bi ime bliven dat he ine vor gerichte bringe unde over ine richte, vor sines lives angeste; kumt he sunder den doden vor gerichte unde bekant hes, er man over ine klage, unde biut he sik darumme to rechte, man ne sal ime sinen Hals dar umme nicht verdelen. Deme richtere sal man erdelen up ine dat hogeste gewedde der penninge, die man ime pleget to weddene, unde den magen ir wergelt; de sal man vore laden ire weregelt to nemene to me nesten dinge, unde to dem anderen, unde to me dridden; ne komet se denne nicht vore, he sal dar mede besitten, wante sie mit klage ime af gewinnen, unde man sal ime vrede werken. Umme den man mach ime nieman an sinen hals spreken, dar he sik to rechte umme geboten hevet, ir man up ine klage.

§ 2. Brinct man aver den doden vor gerichte unbegraven, unde klaget man up ine, he mut antwerden umme sinen hals, oder he mut den doden bereden. —

Schon Levita, a. a. O. S. 126 f. hat darauf hingewiesen, dass es sich hier nicht um eine materielle Rechtsfrage, sondern um eine prozessuale Beweisfrage handelt[19]). Er ist aber für das Recht des Sachsenspiegels insofern nicht auf den richtigen Weg gekommen, als er den Artikel 14 durch Lex Ribuaria 77 zu erklären sucht, was überhaupt nicht, und hier insbesondere nicht angängig ist, da die Rechtsfolgen in beiden Stellen ganz verschiedene sind[20]).

---

[18]) Heusler, a. a. O. Geyer, a. a. O. S. 100—102.

[19]) Vgl. auch Brunner, Rechtsgeschichte II. S. 632 Anm. 14.

[20]) Dort wird infolge der Nichtbeachtung der Beweisregeln wegen homicidium, hier aber gerade trotz inkorrekten Beweises nicht wegen Totschlags verurteilt. Das hebt John, a. a. O. S. 334 ff. richtig hervor. Seine eigene Erklärung der Stelle trifft indessen den Kernpunkt der Sache noch weniger. Er findet in ihr einen materiellen Strafrechtssatz „über culpose Rechtsverletzungen mit gefährlichen Werkzeugen“!

Den richtigen Weg hat uns Planck gewiesen[21]). Er legt ebenfalls bei Erklärung unserer Stelle das Schwergewicht auf die Beweisfrage und leugnet also, dass im Sachsenspiegel allgemein bei der Tötung in Notwehr Zahlung des Wergeldes verlangt werde. Er geht davon aus, dass derjenige, der einen Anderen in rechter Notwehr erschlagen hat, sich hierauf im Prozesse berufen könne entweder durch Vorklage oder durch Widerrede. In jenem Falle muss er das Gerüfte bei der That erhoben oder den erschlagenen bezw. verwundeten Gegner gleich nach der That vor Gericht gebracht haben. In letzterem Falle muss er seinen Einwand der Notwehr nach dem Systeme des Sachsenspiegels selbsiebent beschwören. War nun ersteres für den Betreffenden nicht möglich „vor sines lives angeste", wie unsere Stelle sagt, wegen Leibesgefahr (die ihm vielleicht von den Verwandten des Getöteten drohte), und war letzteres ausgeschlossen etwa wegen Unsicherheit der Zeugen, so konnte er einen vollen Beweis der Notwehr nicht erbringen. Für diesen Fall giebt ihm das Recht die Möglichkeit, sich wenigstens seinen Hals zu sichern. „Erbietet er sich nämlich zu Recht", d. h. will er freiwillig Genugthuung leisten, so sieht letzteres von seiner formalen Strenge insofern ab, als es die Folgen des Ungerichts, die an Hals oder Hand gehen, nicht eintreten lässt. Zwar hat er den Beweis der Notwehr nicht erbracht, und darum hat er auf Straflosigkeit keinen Anspruch. Aber die Wahrscheinlichkeit dafür, dass es sich um keinen böswilligen Totschlag handelt, ist durch sein schleuniges Erscheinen vor Gericht so gross geworden, dass er zur Zahlung von Wergeld und Wette zugelassen wird. Kommen ihm freilich die Verwandten des Erschlagenen mit der Klage zuvor, so muss er sich in formaler Weise verteidigen und im Falle des Unterliegens die Strafe des Ungerichtes auf sich nehmen (Ssp., § 2 l. c.). —

Ist die vielumstrittene Stelle des Sachsenspiegels somit ihrer Beweiskraft gegen ein Notwehrrecht beraubt, so fallen mit ihr als Stützpunkte dieser Ansicht zugleich alle diejenigen Quellenstellen, die ihrerseits nur auf dem Sachsenspiegel fussen[22]).

Ausserhalb dieser Stellen finden wir aber das Recht der Selbst-

---

[21]) „Das deutsche Gerichtsverfahren im Mittelalter" (Braunschweig 1879) I. S. 800—819.

[22]) Es handelt sich in der Hauptsache um einzelne Stellen aus dem Rechtsb. nach Distinktionen und der Magdeburger Blume. S. John, a. a. O. S. 315 N. 21.

verteidigung in echter Not in den Quellen des späteren Mittelalters überall anerkannt; und zwar zum Schutze sowohl von Leib und Leben, als auch des Eigentums, ja selbst der Ehre [23]). Es würde uns viel zu weit führen, wollten wir den Beweis hierfür aus den Rechtsbüchern des Land- und Stadtrechts selbst erbringen. Wir verweisen auf die zahlreichen Quellencitate in der einschlägigen Litteratur, insbesondere bei John und bei Osenbrüggen, bei Levita und Geyer, und wollen uns hier damit begnügen, für das norddeutsche Recht eine Stelle aus den Goslaer Statuten anzuführen, welche sowohl den Ausdruck „Notwer‘ selbst gebraucht, als auch deren Rechtmässigkeit ausdrücklich betont: Sleit en use börghere enne user borghere dot unde wert de vredebrekere in hanthaftiger dat upgehalden over den scal men richten unde nenerleye gnade noch bede ne scholet eme to hülpen komen: et en si denne in notwere oder mit rechte gheschen, dat he bewisen mach; und für das süddeutsche Recht eine solche aus dem Schwabenspiegel, wo es in Artikel 194 heisst: wil mich ein man rouben uf der strazen, wer ich mich des unde slahe in ze tode, ich büeze weder sinen friunden noch dem richter niht.

Schliesslich mag nur noch erwähnt sein, dass sich die Anerkennung eines Notwehrrechtes auch in den kaiserlichen Landfrieden findet [24]). —

Was den Notstand im engeren Sinne angeht, so finden wir zunächst die Verteidigung gegen die Tierwelt in zahlreichen uns überlieferten Quellenstellen behandelt. Sie ist verschieden geregelt, je nachdem die Gefahr, die von letzterer ausgeht, sich gegen Leib oder Leben des Bedrohten, oder wiederum gegen dessen Vieh richtet, oder ob sie dem unbeweglichen Vermögen droht.

Im ersteren Falle ist ein Notstandsrecht zweifellos in den Quellen anerkannt. Der Edikt. Roth. bestimmt in cap. 324: Si canis aut caballus aut quislibet peculius rabiosus factus fuerit et damnum fecerit

---

[23]) John a. a. O. S. 308 ff., Levita, S. 78, 80. Im alamannischen Recht lässt sich zwar nicht die Existenz einer Eigentumsnotwehr, aber ebensowenig ihre Negation nachweisen. Osenbrüggen a. a. O. S. 155. A. M. ist auch hier wieder Geyer (a. a. O. S. 99).

[24]) Z. B. Constitutio Friedr. I. de pace tenenda vom 18./IX. 1156, (Pertz LL II. S. 101); Friedr. II. vom 15./VIII. 1235, § 5 (Pertz a. a. O. S. 314); Rudolfs I. vom 25./VII. 1281, § 2 (Pertz a. a. O. S. 432).

in hominem aut in peculium non requiratur a domino, et qui ipsum occiderit, non requiratur[25]).

Während hier aber die Verletzung fremden Eigentums mit Rücksicht auf den Notstand gar keine Rechtsfolgen aufzuweisen hat, finden wir sonst bisweilen in den Quellen an das Verteidigungsrecht gegen die Tierwelt die Verpflichtung zum Schadensersatze geknüpft. Merkwürdigerweise zeigt sich hier eine teilweise Verschiedenheit zwischen den norddeutschen und den süddeutschen Quellen. Die ersteren kennen jene Ersatzpflicht in der Regel nicht. Hingegen bestimmte schon die Lex Alaman. (78,6): si quis canem, qui curtem defendit alicujus, occiderit, uno solido componat. Et si ipse canis eum per vestimentum adpraebenderit et eum, quasi nolens percusserit, et mortuus fuerit, juret, ut per invidiam non fecisset, nisi ad defendendum, donet alio catello qui jugo transpassare possit[26]). Und ganz ähnlich heisst es später im Schwabenspiegel cap. 278: Unde ist aber, daz ein hunt einen man anvellet, unde in bizet in sin gewant oder in sine bloze hut, sva daz an dem sinem libe ist unde slehet er in ze tode: er sol im als einen guoten geben als jener war, unde niht phennige.

In den Quellen des sächsischen Rechtes ist, wie gesagt, die Rechtmässigkeit der Verteidigungshandlung ohne eine solche Verpflichtung zum Schadensersatze anerkannt; so z. B. Ssp. II 62 § 2: Sleit en man enen hunt dot oder beir oder en ander dier binnen des it ime scaden will, he blift des ane wandel, of he dat geweren darn uppe'n hilgen, dat he't notweringe dede; und ebenso III, 48 § 4: belemt aver en man enen hunt oder sleit he ine dot,

[25]) So einleuchtend letzteres ist, so eigentümlich erscheint es, dass umgekehrt auch der Herr für den Schaden nicht haftet, den toll gewordene Tiere anrichten. Es scheint hiernach fast, als ob in anderen Fällen die Schadensersatzpflicht in einer culpa des Tieres ihren Grund hätte. Vgl. Brunner II. S. 531 Anm. 2 und die dort citierte Litteratur.

[26]) Vgl. Lex Bajuw. 19, 10: Si autem canis per vestimentum aut per membrum hominem tenuerit et de manu eum percusserit, ut moriatur, similem reddat et amplius non requiratur. — Im langobardischen Recht hingegen wird die Ersatzpflicht nur dann auferlegt, wenn der Angegriffene über die Grenzen der Verteidigung hinausgegangen ist. Edikt. Roth. 330: si quis se vindicandum occiderit canem alienum, id est cum spata aut virga aut cum qualebit arma mano tenendo, non ei requiratur; tantum est ut ipsa virga tales inveniatur esse, ut mediocris spata. Nam si post ipsum jactaverit et eum occiderit, reddat ferquido i. e. similem. Vgl. auch cap. 331.

dar he ine biten wel, oder hat he sin ve bit up der strate oder uppen velde, he blift is ane wandel, geweret he't uppe'n hilgen, dat he ime anderes nicht gesturen ne kunde. Und analoge Bestimmungen finden sich in dem Rechtsbuch nach Distinktionen II, 9, 3; in der Magdeburger Blume I, 140; in den Goslaer Statuten 43,31. Auch hier hat die „nodwer" zur Folge, dass die That gänzlich „blibet ane wandel". Nur eine ganz vereinzelte Richtung, die vom Eisenacher Recht vertreten wird, stellt auch innerhalb der Quellen des sächsischen Rechts trotz bewiesenen Notstandes die Entschädigungspflicht auf[27]. —

Nicht in gleichem Masse, wie in den eben angeführten Fällen hat das germanische Recht die Angriffe der Tierwelt auf das unbewegliche Vermögen unter dem einheitlichen Gesichtspunkte eines Notstandsrechtes zusammengefasst, demzufolge der Gefährdete das schadendrohende Tier, eventuell unter Verpflichtung zum Schadensersatze straflos töten bez. verwunden darf. Denn bei der Frage, wieweit der Eigentümer berechtigt sein solle, seine Felder, Wiesen, Weinberge u. s. w. gegen andringendes Vieh zu schützen, sah sich das deutsche Recht vor ein sehr schwieriges Problem gestellt: es hatte hier zu vermitteln zwischen den wichtigsten Interessen der germanischen Kultur, zwischen der Landwirtschaft und der Viehzucht; es galt, sowohl die Felder vor dem Vieh, als das Vieh vor allzu rücksichtsloser Eigenmacht der Grundbesitzer zu schützen. Die Rechtsordnung konnte diese Aufgabe nur durch eine Reihe von Einzelbestimmungen lösen. Je nach der Verschiedenheit des angreifenden Tieres und des angegriffenen Objekts erkannte sie dem Geschädigten bald ein Tötungs- und bald ein Pfändungsrecht, bald in allgemeiner, bald in beschränkter Form zu[28]. Dafür wurde dann von der Erforderlichkeit gerade des betreffenden Mittels im einzelnen Falle Abstand genommen. Damit ist aber der Gesichtspunkt des Notstandes verlassen, so dass wir uns hier mit diesen Fällen nicht weiter zu beschäftigen haben[29].

---

[27]) So z. B. Eisenacher Rechtsbuch III. 68, 113; Gerichtsleufft zu Eisenach, Art 64; Rechtsbuch des Purgoldt IV, 61 Abs. 2, (sämtlich in Ortloff, Sammlung deutscher Rechtsquellen). Vgl. Hammer a. a. O. S. 70.

[28]) Vgl. z. B. die detaillierten Vorschriften im Edikt. Roth. 349, 350; ferner Osenbrüggen, Strafr. der Langobarden S. 133 f.

[29]) Näheres bei Wilda „das Pfändungsrecht" in d. Zeitschr. f. deutsches Recht Bd. 1 S. 167 ff.

Der Gedanke, dass der Notstand eventuell auch ein Recht giebt, in die Güterwelt unbeteiligter Dritter einzugreifen, war dem deutschen Rechte von jeher durchaus vertraut. „So wie die germanischen Verfassungen den Genossen vielfach die Pflicht eines gegenseitigen Beistandes, einer freundnachbarlichen Hilfe auferlegten, so musste sich auch jeder, so strenge Achtung sonst dem Eigentum gebührte, gewisse geringe Eingriffe in dasselbe gefallen lassen“ [30]). Wir finden dieses Notstandsrecht einmal ganz allgemein in einer Reihe von Rechtssprichwörtern anerkannt („Not kennt kein Gebot“, „ein besser Recht ist Leibesnot, als Herrngebot“, „jeder ist sich selbst der Nächste“, „Not sucht Brot, wo sie es findet“) [31]), sehen es aber auch in vielen einzelnen Gesetzesbestimmungen als ein positives und genau begrenztes Recht auftreten. Schon die Lex Burgund. bestimmte in einem Titel, der überschrieben ist: de indulta generaliter incidendorum lignorum licentia [32]): Si quis Burgundio aut Romanus silvam non habet, incidendi ligna ad usus suos de iacentivis et sine fructis arboribus in cujuslibet silva habeat liberam potestatem, neque ab illo, cujus silva est, repellatur.

2. Siquis vero arborem fructiferam in aliena silva non permittente domino fortasse inciderit, per singulas arbores, quas incidit, singulos solidos domino silvae inferat, quod etiam de pinis et abietibus praecipimus custodiri.

3. Si quis vero quemquam de jacentivis et non fructiferis arboribus lignum usibus suis necessarium praesumere fortasse non permiserit, ac si ei pignera tulerit, restitutis in triplum pigneribus, inferat multae nomine solidos VI.

Hier wird also ganz allgemein jedem, der keinen Wald besitzt, die Befugnis erteilt, sich aus einem fremden Walde Nutzholz zu nehmen, soweit sein Bedürfnis es verlangt [33]). Dass dies in Ausübung eines Rechtes geschieht, zeigt zur Genüge der dritte Absatz, demzufolge der Waldeigentümer, der hier hindernd in den Weg treten will, straffällig wird. Dieses Notrecht erstreckt sich aber nicht auf die

---

[30]) Wilda, das Strafrecht der Germanen, S. 959.

[31]) Vgl. Graf und Dietherr, Deutsche Rechtssprichwörter S. 338 ff.

[32]) Lex Burgund. XXVIII.

[33]) Vgl. das Sprichwort aus späterer Zeit: „Dem richen walt lützel schadet, ob sich ein man mit holze ladet“. Grimm, Rechtsaltertümer S. 514.

fruchttragenden und nicht auf die Nadelbäume. Der Angriff auf sie ist widerrechtlich und hat, wenn auch nur geringe Busszahlung zur Folge.

War ein öffentlicher Weg ungangbar geworden, so durfte man sich einen anderen bahnen, eventuell auch unter Verletzung fremden Eigentums: Si iter clausum aut constrictum sit, sagt die Lex Visigotorum, VIII, 4,24, rumpentibus sepem aut vallum nulla calumnia moveatur [34]). Und wie weit der Begriff der Not ausgedehnt wurde, zeigt Edikt. Roth. cap. 300 al. 2: nam iterans homo, si propter utilitatem suam foris clausuram capellaverit, non sit culpabilis. Und cap. 358 l. c. beginnt mit der allgemeinen Bestimmung: Nulli sit licentia iterantibus erba negare, excepto prato intacto, tempore suo aut messem [35]).

Das Recht, eventuell in fremdes Eigentum einzugreifen, findet sich auch in den kaiserlichen Landfrieden anerkannt. So bestimmt z. B. die Constitutio Friedrichs I. vom 18. Februar 1179 [36]): si viator equitans necesse habuerit pascere equum suum, pedem unum ponat in via et falce vel cultro quantum expedit de frugibus resecet et in via equum suum reficiat et inde nihil de frugibus deferat; gramen non incidat, sed in ipso gramine equum suum quod satis est, pascat.

Und auf demselben Standpunkte stehen die Rechtsbücher des Mittelalters. „Irleget deme wechverdigen Manne sin perd“, heisst es Ssp. II, 68, „he mut wol korn sniden unde ime geven, alse verne alse he't gereken mach stande imme wege mit enen vute; he ne sal is aver nicht dannen voren“; und ähnlich das Görlitzer Landrecht in cap. 41 § 2: Of eines wechvertigen mannis pert uffe deme wege mude wirt, unde mit einem voze an me wege stet, unde mit dem andirn sich in daz corn neigit unde mit sime swerte odir mit siner sichelin

---

[34]) Vgl. aus dem römischen Recht: fr. 14 § 1 quemad. serv. a. 8, 6.

[35]) Vgl. zu dieser, im übrigen etwas dunklen Stelle Osenbrüggen, Strafrecht der Langobarden, S. 130. — Hingegen dürfen wir kaum auf ein zu Grunde liegendes Recht schliessen, wenn ebenfalls im Edikt. Roth., cap. 296 der Fall busslos bleibt, dass jemand in einem fremden Weinberge sich nicht mehr als „drei Trauben“ aneignet: si quis super tres uvas de vinea alienam tulerit, componat solidos 6, nam si usque tres tulerit, nulla sit illi culpa. Diese Bestimmung weist wohl nur auf Straflosigkeit, nicht auf Rechtmässigkeit hin.

[36]) Boehmer-Ficker, acta imp. selecta S. 131.

des cornis so vile snidit, daz er sin pert da mite irquicquit, dar umme ne darf er nieman bezzerin[37]).

Und dieses Mass des Nehmens, wie es hier gesetzt und beschrieben wird, treffen wir in ähnlicher Weise in einem alamannischen Weistume: Und wer das pferd — het, der sol an der hub uf und nider gan und ein fuss im weg hon, den andern in der hub, mit einer sichlen in der hand und was er gelangen mag, das sol er absniden dem pferd als ver so die hub gat[38]). —

Diese Zeugnisse mögen für den Nachweis eines Notstandsrechts im älteren deutschen Rechte genügen. Wir können uns damit von letzterem abwenden und zu einer kurzen Betrachtung des Römischen Rechtes übergehen[39]). Die Selbsthilfe im engeren Sinne lässt sich im deutschen Rechte nicht unter dem Gesichtspunkte des Notstandes betrachten. Zwar ist gerade sie im Institut der Pfändung sehr ausgebildet gewesen. Doch war sie hier in ihrer Voraussetzung keineswegs an das Vorhandensein einer Not gebunden, etwa im Sinne einer Gefahr, dass die Verwirklichung des Anspruchs aus dem Urteilserfüllungsgelöbnis oder der Schadenszufügung „vereitelt oder wesentlich erschwert wird.“ Vielmehr stand die Pfändung, wenn die übrigen

[37]) Vgl. auch Eisenacher Rechtsbuch III, 80 Satz 2; Rechtsbuch des Purgoldt III, 19 Satz 2. (Ortloff, Sammlung etc.). Nach dem Wendisch-Rügianischen Landgebrauch tit. 158 dürfen Schwangere, ganz Arme und Kinder Früchte von fremden Bäumen oder vom Felde abpflücken. S. Hammer a. a. O. S. 71; Grimm, Rechtsaltertümer S. 408, 445 f. — Von einer Ersatzpflicht des Notstandsberechtigten ist in allen den citierten Quellenstellen keine Rede.

[38]) Grimm, Weistümer I. S. 367; Osenbrüggen, Alamannisches Strafrecht S. 350.

[39]) Wir wollen aber wenigstens noch auf die reiche Ausbeute hingewiesen haben, welche das nordische Recht in Bezug auf unseren Gegenstandge währt. S. v. Amira, Nordgerman. Obligationenrecht Bd. I S. 729, 731; II S. 400 f., 863 f. Das norwegische Recht hatte sogar einen besonderen Begriff des Notstandes ausgebildet („nauđsyn“). Im einzelnen war hier die Ausübung des Notrechtes an detaillierte Vorschriften gebunden. (Vgl. z. B. folgende Bestimmung des norwegischen Seerechts: „Fahren sie zurück heimwärts nach Norden und geht ihnen die Nahrung aus, dann sollen sie Zeugnis anrufen an anderen Schiffen und denen zeigen, dass sie nicht mehr haben, als eine Monatskost Butter und Mehl in 2 Abteilungen; dann sollen sie schlachten zwei Rinder bei einem Bauern straflos und hinlegen 2 Unzen für die Kuh und ebensoviel für den dreijährigen Ochsen; für den ausgewachsenen aber $3^1/_2$ Unzen und liegen lassen Kopf und Füsse und auch die Haut“. Ähnliche Satzungen finden sich im isländischen Rechte).

Bedingungen, von denen sie abhing, erfüllt waren, dem Berechtigten in jedem Falle zu[40]). —

II. Römisches Recht*. — Im Römischen Rechte finden wir, wenigstens bei den Juristen der klassischen Periode ein Notwehrrecht zum Schutze von Leib und Leben unzweifelhaft anerkannt[41]): „Qui cum aliter tueri se non possunt", sagt Paulus, „damni culpam dederint, innoxii sunt: vim enim vi defendere omnes leges omniaque jura permittunt"[42]). Und dass auch das kaiserliche Recht diesen Standpunkt teilte, zeigt die const. 3 ad legem Corneliam 9,16, wo die Rechtmässigkeit der Notwehr ausdrücklich betont ist: Si latrocinantem peremisti, dubium non est eum qui inferendae caedis voluntate praecesserat, jure caesum videri[43]).

---

[40]) Gierke, Deutsches Privatrecht S. 344. Ein vereinzeltes Pfändungsrecht im Notfalle erwähnt Schröder, Lehrbuch der deutschen Rechtsgeschichte S. 685 Anm. 32.

*) Pernice, Labeo II. (2. Aufl.) S. 68—82. — v. Tuhr, a. a. O. — Wendt, Faustrecht in Iher. Jahrb. Bd. 21. — Levita, a. a. O. S. 31—52. — Geyer, a. a. O. S. 54—67. — Seeger, a. a. O. S. 211—356; — Stammler, a. a. O. — Janka, a. a. O. Ein Verzeichnis der einschlägigen Quellenstellen findet sich bei Binding, Grundriss S. 124.

[41]) Wir müssen es uns versagen, hier auch auf die ältere Zeit näher einzugehen und Stellung zu nehmen zu der Frage, ob dieses Notwehrrecht von Anfang an bestanden hat „als etwas Selbstverständliches, in der weitergehenden Befugnis zur Privatrache implicite Enthaltenes" — so Brunnenmeister, Das Tötungsverbrechen im altröm. Recht (Festgabe für Friedberg, 1887) S. 143 und ähnlich v. Tuhr, a. a. O. S. 44f. — oder ob es sich aus einer blossen Exemption vom Strafgesetz erst „langsam und zögernd" entwickelt hat — so Pernice, a. a. O. S. 73ff. Darüber herrscht Einstimmigkeit, dass auch im römischen, ebenso wie im deutschen Rechte in gewissen Fällen ein Tötungsrecht bestanden hat, das sich aus dem Gesichtspunkt der Notwehr heraus nicht erklären lässt: dahin gehört die Tötung des ertappten Ehebrechers und des nächtlichen Diebes. Pernice sieht hierin, wohl mit Recht, die letzten Überbleibsel der Friedlosigkeit des R. R. Vgl. auch Brunnenmeister, a. a. O. S. 141f.

[42]) fr. 45 § 4 ad leg. Aquil. 9, 2. Vgl. fr. 4 pr. eodem und die bei Binding citierten Stellen. Wohl von einem Falle des Notwehrexzesses handelt fr. 52 § 1 i. f. cod.

[43]) Geyer, a. a. O. S. 57 ist allerdings auch hier, wie im deutschen Recht, der Ansicht, dass nicht Rechtmässigkeit, sondern nur Exemption vom Strafgesetze anzunehmen sei. Er meint: „jure" sei vom Standpunkte des in Notwehr Erschlagenen aus zu verstehen und bedeute so viel, als: ihm sei recht geschehen, oder: er habe seinen Lohn dahin. Ganz abgesehen davon, dass damit noch nicht ausgeschlossen ist, dass der andere auch „jure" im technischen Sinne gehandelt hat, scheint uns diese Auslegung nicht zutreffend zu sein.

Bestritten hingegen ist, ob auch das Vermögen den Römern als wehrhaftes Rechtsgut gegolten hat.

Pernice unterscheidet hier für das klassische Recht zwischen den Angriffen auf den Besitz beweglicher und unbeweglicher Sachen; und bei diesen wiederum zwischen der Dejektion und der blossen Besitzstörung. Für letztere kommt er zu dem Resultate, dass die Rechtsmittel des interdictum uti possidetis und des interdictum quod vi aut clam, verbunden mit der Befugnis zur operis novi nuntiatio so vollkommen ausgereicht hätten, dass der Besitzer eines weitergehenden Schutzes durch Eigenmacht nicht bedürftig gewesen sei. Und er meint, wenn es bei Vertreibung des Störers doch zu einem Handgemenge gekommen wäre, so sei es denkbar, dass die römischen Juristen den Störer eventuell zur Ersatzklage zugelassen hätten. Er giebt aber zu, dass sich aus den Quellen hierüber nichts entnehmen lässt.

Für den Fall der Dejektion räumt Pernice die Zulässigkeit der gewaltsamen Verteidigung ein; will sie aber weniger unter dem Gesichtspunkte der Notwehr, als dem der Culpacompensation betrachtet sehen, wobei er sich auf die const. 6 ad leg. Juliam 9,12 beruft: si forte quis vel ex possidentis parte vel ejus qui possessionem temerare temptaverit, interemptus sit, in eum supplicium exerceri qui vim facere temptavit et alterutri causam malorum praebuit.

Für das bewegliche Eigentum schliesslich kommt er in eingehender Beweisführung, die in das einzelne zu verfolgen der Raum hier nicht zulässt, zu dem Schlusse, dass sein Schutz zu einem Notwehrfalle im klassischen römischen Rechte nicht erhoben worden sei.

Mögen nun diese Ausführungen für letzteres zutreffend sein oder nicht[44]), für das Justinianeische Recht scheint uns jedenfalls das Recht der Eigentums- und Besitzesnotwehr ganz allgemein ausgesprochen zu sein durch die const. 1 unde vi 8,4: Recte possidenti ad defendendam possessionem quam sine vitio tenebat, inculpatae tutelae moderatione illatam vim propulsare licet[45]).

Aus diesem licere sowohl, wie oben aus dem „jure caesum videri" ergiebt sich für das römische Recht von selbst, dass die Notwehr-

[44]) Ihre Richtigkeit wird z. B. grösstenteils geleugnet von v. Tuhr S. 44 f.

[45]) Das „moderamen inculpatae tutelae" ist späterhin zum terminus technicus für die Notwehr geworden.

handlung, natürlich keine kriminelle, aber auch eine civile Haftung nicht zur Folge hat[46]. —

Was den Notstand im engeren Sinne betrifft, so lassen sich zunächst in den Quellen Entscheidungen darüber finden, inwieweit der Einzelne berechtigt sein soll, sein Vermögen gegen Angriffe von Tieren zu schützen[47].

Im allgemeinen scheinen die Römer hier wenig geneigt gewesen zu sein, dem Bedrohten ein weitgehendes Verteidigungsrecht einzuräumen. Vielmehr wird das Interesse des Tiereigentümers an der Unversehrtheit seines Viehs von ihnen offenbar als das überwiegende angesehen und der andere Teil in der Hauptsache auf seinen Ersatzanspruch aus der Noxalklage verwiesen. Dieses Prinzip liegt schon einer Entscheidung des Quintus Mucius Scaevola zu Grunde: equa cum in alieno pasceretur, in cogendo, quod praegnas erat, eiecit: quaerebatur, dominus ejus possetne cum eo, qui coegisset lege Aquilia agere, quia equam in iciendo ruperat. Si percussisset aut consulto vehementius egisset, visum est agere posse[48]. Und noch viel allgemeiner fordert im Anschluss daran Pomponius die Schonung fremder Tiere: Quamvis alienum pecus in agro suo quis deprehendit, sic illud expellere debet, quomodo si suum deprehendisset, quoniam si quid ex ea re damnum cepit, habet proprias actiones. Itaque qui pecus alienum in agro suo deprehenderit, non jure id includit, nec agere illud aliter debet quam ut supra diximus quasi suum: sed vel abigere debet sine damno vel admonere dominum, ut suum recipiat[49].

Ebensowenig haben die Römer da, wo zur Abwendung einer Gefahr irgend eine Sachbeschädigung anderer Art erforderlich sein würde, ein allgemeines Notstandsrecht zu Gunsten des Gefährdeten anerkannt; und zwar ohne Unterschied, ob es sich um die Beschädigung der gefahrdrohenden Sache selbst oder einer dritten unbe-

---

[46]) Vgl. Glück, Pandektenkommentar, Bd. X S. 325.

[47]) Fälle, wo eine von Tieren ausgehende Gefährdung unseres Leibes oder Lebens in Frage steht, sind in den Quellen nicht behandelt.

[48]) fr. 39 ad leg. Aquil. 9, 2.

[49]) Wer fremde Bienen, die auf sein Grundstück gekommen sind, durch Rauch vertreibt, und sie hierbei tötet, macht sich ersatzpflichtig, und zwar nach Celsus ex lege Aquilia: fr. 27 § 12 h. t. Man erblickte also in dieser Verteidigungshandlung eine injuria. A. M. v. Tuhr S. 54.

teiligten handelt[50]). Die Quellenstellen, die sich hierauf beziehen, enthalten zwar unter sich einige Widersprüche; in dem negativen Resultate aber, dass dem Bedrohten ein Recht zum Eingriffe in fremdes Eigentum nicht zukomme, stimmen sie u. E. miteinander überein. — Die hier einschlagenden Entscheidungen sind folgende:

1. fr. 49 § 1 ad leg. Aquil. 9, 2. Ulpianus: quod dicitur damnum injuria datum Aquilia persequi, sic erit accipiendum, ut videatur damnum injuria datum, quod cum damno injuriam attulerit: nisi magna vi cogente fuerit factum, ut Celsus scribit circa eum, qui incendii arcendi gratia vicinas aedes intercidit: nam hic scribit cessare legis Aquiliae actionem: justo enim metu ductus, ne ad se ignis perveniret, vicinas aedes intercidit: et sive pervenit ignis sive ante extinctus est, existimat legis Aquiliae actionem cessare.

2. fr. 3 § 7 de incendio 47, 9. Ulpianus: quod ait praetor de damno dato, ita demum locum habet, si dolo damnum datum sit, namsi dolus malus absit, cessat edictum. quemadmodum ergo procedit, quod Labeo scribit, si defendendi mei causa vicini aedificium orto incendio dissipaverim, et meo nomine et familiae judicium in me dandum? cum enim defendendarum mearum aedium causa fecerim, utique dolo careo. puto igitur non esse verum, quod Labeo scribit. an tamen lege Aquilia agi cum hoc possit? et non puto agendum: nec enim injuria hoc fecit, qui se tueri voluit, cum alias non posset. et ita Celsus scribit.

3) fr. 7 § 4 quod vi aut clam 43, 24. Ulpianus: est et alia exceptio, de qua Celsus[51]) dubitat, an sit obicienda: ut puta si incendii arcendi causa vicini aedes intercidi et quod vi aut clam mecum agatur aut damni injuria. Gallus enim dubitat, an excipi oporteret: „quod incendii defendendi causa factum non sit.“ Servius autem ait, si

[50]) Wohl aber kennen sie in einzelnen bestimmten Kollisionsfällen ein rechtlich erzwingbares Eingreifen in die Rechtssphäre eines Anderen: so z. B. in fr. 12 pr. de religiosis etc. 11, 7, wonach der Eigentümer eines Grundstücks, auf dem sich ein Grabmal befindet, verpflichtet ist, dem Inhaber des letzteren, wenn dieser keinen anderen Zugang zu demselben hat, einen Notweg zu gewähren, aber nur gegen Zahlung des justum pretium. — Ein Recht zur Sachbeschädigung im Notstande gewährt ferner die lex Rhodia de jactu mit ihren Bestimmungen über den Seewurf. t. D. 14, 2. Vgl. hierzu Goldschmidt in der Zeitschr. für Handelsrecht Bd. 35 S. 41 ff. Warum meint Pernice, a. a. O. dass das Recht des Schiffswurfs in keinem Zusammenhange mit der Notstandslehre stehe?

[51]) Gallus?

id magistratus fecisset, dandam esse, privato non esse idem concedendum.

4. fr. 29 § 3 ad leg. Aquil. 9, 2. Ulpianus: Item Labeo scribit, si cum vi ventorum navis impulsa esset in funes anchorarum alterius et nautae funes praecidissent, si nullo alio modo nisi praecisis funeribus explicare se potuit, nullam actionem dandam. Idemque Labeo et Proculus et circa retia piscatorum, in quae navis piscatorum inciderat, aestimarunt [52]).

5. fr. 14 de praescriptis verbis 19, 5. Ulpianus: qui servandarum mercium suarum causa alienas merces in mare proiecit, nulla tenetur actione: sed si sine causa id fecisset, in factum, si dolo, de dolo tenetur [53]).

Die angeführten Stellen rühren sämtlich von Ulpian her. Bis auf den einen Fall des interdictum quod vi aut clam (o. Nr. 3), wo er die von seiner sonstigen Ansicht abweichende Meinung des Servius, ohne ihr zu widersprechen, anführt [54]), lässt er, dem Vorbilde des Celsus folgend, der Notstandshandlung gegenüber durchgängig die Klage auf Schadensersatz cessieren, sei es nun, dass dieser aus dem edictum de incendio, oder mit der actio legis Aquiliae geltend gemacht wird. Wir können den hier vorhandenen Widerspruch aber um so eher unberücksichtigt lassen, als wir, wie oben schon erwähnt, der Meinung sind, dass auch aus denjenigen Entscheidungen Ulpians, in denen er die Ersatzpflicht verneint, die Anerkennung eines Notstandsrechtes nicht gefolgert werden darf, dass vielmehr nach ihnen die hier in Frage kommenden Handlungen rechtswidrig bleiben und nur mit Strafe verschont sein sollen [55]). Und zwar schöpfen

---

[52]) Vgl. hierzu Pernice, Sachbeschädigung S. 38 Anm. 16.

[53]) Seine frühere irrige Auffassung von dieser Stelle (Labeo II. 1. Aufl. S. 409) hat Pernice in der 2. Aufl. dieses Werkes S. 72 selbst korrigiert.

[54]) Vgl. zu dieser Stelle v. Tuhr, a. a. O. S. 63f., 65f; Glück, Pandektenkommentar Bd. X S. 330. Die Ansicht des Servius muss als veraltet angesehen werden. Die Glosse lässt uns der Kontroverse gegenüber vollständig im Stich.

[55]) Ebenso Pernice, a. a. O. S. 69. A. M. ist für die ersten drei der oben angeführten Fälle v. Tuhr, was eine Folge davon ist, dass er sie unter dem Gesichtspunkte der Notwehr betrachtet. (Vgl. Wendt, a. a. O. S. 127 N. 15.) Wie wenig hier die Römer im allgemeinen von der Existenz eines Notrechtes durchdrungen waren, zeigt zur Genüge der Zweifel des Gallus im Falle 3 und die schwankende Stellung von Labeo, wenn man Fall 2 und Fall 4 miteinander vergleicht.

wir diese Ansicht aus der Art und Weise, wie Ulpian in jenen Fällen die denegatio actionis begründet. Beim edictum de incendio meint er, dass der im Notstand Handelnde „utique dolo carere“ und darum freigesprochen werden müsse[56]; bei der actio legis Aquiliae will er die Klage abgewiesen sehen, weil derjenige sich keiner „injuria“ schuldig mache („nec injuria fecit“), qui se tueri voluit, cum alias non posset[57]. Bedenkt man nun, dass die Ansprüche, um die es sich hier handelt, in erster Linie pönaler Natur sind, und die Klagen, mit denen sie verfolgt werden, vor allem die Strafe des Thäters, erst in zweiter Hinsicht die Schadloshaltung des Verletzten bezwecken, so wird wohl die Verneinung der Ersatzpflicht nur eine Folge davon sein, dass ersterer mit Rücksicht auf die Gefahr, in der er gehandelt hat, einer Strafe nicht würdig erscheint[58]. Mehr wollen u. E. die angeführten Quellenstellen nicht besagen: der widerrechtliche Charakter der einzelnen Rechtsverletzungen wird durch sie in keiner Weise berührt[59]. —

Ebensowenig lässt sich nach unserem Dafürhalten innerhalb des Gebietes der Selbsthilfe im engeren Sinne ein Notrecht aus den Quellen nachweisen. Wir finden daselbst zwei hierher gehörige Notstandsfälle erwähnt:

Einmal in fr. 10 § 16 quae in fraud. credit. 42, 8. Ulpianus: si debitorem meum et complurium creditorum consecutus essem fugientem secum ferentem pecuniam et abstulissem ei id, quod mihi debeatur, placet Juliani sententia dicentis multum interesse, antequam in possessionem bonorum eius creditores mittantur, hoc factum sit an postea: si ante cessare in factum actionem, si postea, huic locum fore.

---

[56] Vgl. über den römischen Dolus-Begriff: Binding, Normen Bd. 2 S. 348 ff.; Grundriss S. 91, und Pernice, Labeo II. S. 135 ff. S. auch v. Tuhr S. 122 ff.

[57] Injuria bedeutet bei den Römern sowohl die objektive Rechtsverletzung, insbesondere den rechtswidrig zugefügten Schaden, als auch die subjektive Schuld. S. Pernice, Sachbeschädigung S. 33, 45. Gajus, Institutionen III, 211. Hier ist es in letzterer Bedeutung genommen.

[58] Vgl. Ihering, Schuldmoment im römischen Privatrecht (Vermischte Schriften, Leipzig 1879), S. 203. — Dass die römischen Juristen infolgedessen einen Ersatzanspruch „ex alia causa“ (aus welcher?) konstruiert haben, wie Lehmann, Iherings Jahrb. Bd. 13 S. 220 behauptet, ist uns nirgends überliefert.

[59] Ähnlich Janka, a. a. O. S. 48. — Über die Verwertung, die diese Stellen in der gemeinrechtlichen Doktrin gefunden haben, siehe unten bei Anm. 87.

Und ferner in fr. 7 § 3 quod vi aut clam 43, 24. Ulpianus: Bellissime apud Julianum quaeritur, an haec exceptio noceat in hoc interdicto: quod non tu vi aut clam feceris? ut puta utor adversus te interdicto quod vi aut clam, an possis obicere mihi eandem exceptionem: „quod non tu vi aut clam fecisti"? et ait Julianus aequissimum esse hanc exceptionem dare: nam si tu, inquit, aedificaveris vi aut clam, ego idem demolitus fuero vi aut clam et utaris adversus me interdicto, hanc exceptionem profuturum. quod non aliter procedere debet, nisi ex magna et satis necessaria causa: alioquin haec omnia officio iudicis celebrari oportet.

Die gemeinrechtliche Lehre hat bekanntlich in der ersteren Entscheidung die Aufstellung eines Rechtes zur Selbsthilfe für den Fall der Not gefunden[60]. Indessen dürfte die Schlüssigkeit dieser Stelle hierfür doch erheblichen Bedenken unterliegen. Denn einmal handelt es sich in unserem Falle zunächst gar nicht um die Frage, ob die Eigenmacht des Gläubigers mit Rücksicht auf die Gefahr, in der er sich befindet, dem Schuldner gegenüber zu Recht geschehen ist, oder nicht. Es ist vielmehr, wie der Zusammenhang ergiebt, dem Juristen nur um das Verhältnis des einen Gläubigers zu seinen mehreren Mitgläubigern und um eine Antwort darauf zu thun: sollen diese berechtigt sein, das eigenmächtig abgenommene Geld, als in fraudem creditorum erlangt, von jenem herauszufordern? Und da macht Julian die richtige Unterscheidung: es kommt darauf an, ob der Akt der Selbsthilfe vor oder nach der Einweisung der Gläubiger in das Vermögen des Schuldners erfolgt ist. An das Selbsthilfeverbot des Decretum Divi Marci hat er hierbei aus leicht begreiflichen Gründen noch nicht denken können. Aber auch im Zusammenhange der Justinianischen Kompilation muss es sehr fraglich erscheinen, ob das abstulissem, wie v. Tuhr meint (a. a. O. S. 73 f.) auf eine „erlaubte", soll wohl heissen auf eine rechtmässige Art der Befriedigung hinweist, oder ob es nicht, wie Wendt glaubt (a. a. O. S. 281) lediglich ein strafloses Zugreifen des Gläubigers nach Analogie der Notstandshandlung bedeutet. Wir möchten uns für letztere Ansicht entscheiden.

Ganz zweifellos aber haben wir es nur mit dem Gesichtspunkte der Straflosigkeit und nicht mit einem zu Grunde liegenden

---

[60]) Windscheid, Pand. I. § 123 A. 6. Dernburg I. § 125 A. 4.

Rechte in der zweiten angeführten Entscheidung Ulpians zu thun. Es hat jemand widerrechtlich ein opus hergestellt. Ein anderer, statt dagegen mit dem interdictum quod vi aut clam vorzugehen, wie es das Recht verlangt, reisst es ex magna et satis necessaria causa eigenmächtig nieder und wird nun seinerseits mit jenem Interdikte belangt. Dann soll er mit Rücksicht auf seine Notlage und die frühere Eigenmacht des Klägers freigesprochen werden, d. h. hier, da auch das interdictum quod vi aut clam eine Deliktsklage ist[61]), mit Strafe verschont bleiben. Dass seine Handlung eine rechtmässige gewesen sei, gegen die sich z. B. der Kläger nicht hätte durch Notwehr verteidigen dürfen, kann u. E. hieraus keineswegs gefolgert werden[62]). —

III. Kanonisches Recht*). — Im Corpus Juris Canonici wird die Rechtmässigkeit der Notwehrhandlung unumwunden anerkannt und des öfteren ausdrücklich betont[63]). Das Decretum Gratiani zählt in dist. 1 can. 7 die Rechtsverhältnisse auf, die dem jus naturale angehören, quod commune omnium nationum est, und rechnet dahin neben der Ehe, der liberorum successio et educatio u. s. w. auch die „violentiae per vim repulsio.“ „Nam hoc, aut si quid huic simile

---

61) Dernburg, Pandekten I. § 234.

62) A. M. v. Thur, a. a. O.; Dernburg, a. a. O. Text zu A. 23. Vgl. zu dem citierten fr. 7 § 3: Duhn im Archiv für civilistische Praxis Bd. 48 S. 43 ff. — Wendt, a. a. O. S. 169 spricht hier richtig von einer Retorsionseinrede.

*) Levita, a. a. O. S. 52—64. — Geyer, a. a. O. S. 67—75. — Stammler, a. a. O. S. 16—21. — Janka, a. a. O. S. 49 ff. — Katz, Grundr. des kanon. Strafrechts (Berlin 1881) S. 12 ff. — München, Das kanon. Gerichtsverf. und Strafr. (Köln und Neuss 1874) II. S. 48 ff. — Hinschius, Kirchenrecht V. S. 940 f. — Quellenstellen finden sich bei Binding, Grundriss S. 127.

63) Schon in den Bussordnungen der abendländischen Kirche wird stetig auf sie Rücksicht genommen: so z. B. Poenitentiale Pseudo-Bedae cap. 39 § 3 (si autem se defendendo aut parentes suos aut familias, occidisset aliquid, non erit ille reus); Poenitentiale Civitatense cap. 47 (wonach durch eine Tötung in Notwehr nicht einmal die christliche Milde verletzt wird, deren Mangel die irregularitas ex delicto zur Folge hat). Dass sich zuweilen für die Tötung in Notwehr eine Busse (meist Fasten) angeordnet findet (so für den Kleriker in Poenitent. Civitat. cap. 58 und für den Laien in Confessionale Pseudo Egberti cap. 24), thut natürlich, da es sich hier lediglich um eine religiöse Sühne für den Blutverguss überhaupt handelt, der Rechtmässigkeit der Handlung gar keinen Eintrag. — Die Bussordnungen sind citiert nach Wasserschleben, Die Bussordnungen der abendländischen Kirche. Halle 1857.

est, nunquam injustum, sed naturale aequumque habetur"[64]. Und dieses Recht der Verteidigung darf auch zum Schutze Anderer geübt werden; ja die Kirche hat dieses Recht sogar zur Pflicht erhoben und lässt denjenigen des verbrecherischen Angriffs teilhaftig werden, der, obwohl dazu im stande, ihn nicht von seinem Nächsten abzuwehren sucht: et quidem cum liceat cuilibet suo vicino vel proximo pro repellenda ipsius injuria suum impertiri auxilium, immo si potest et negligit, videatur injuriantem fovere ac esse particeps eius culpae[65]; und an anderer Stelle heisst es[66]: qui potuit hominem liberare a morte et non liberavit, eum occidit .... nec caret scrupulo societatis occultae, qui manifesto facinori desinit obviare, wobei auch gelegentlich auf das Vorbild des Moses hingewiesen wird, qui cum vidisset Hebraeum ab Egyptio injuriam accipientem, defendit, ita ut Egyptium prosterneret atque in arena absconderet[67]. — Dass auch das Vermögen vom kanonischen Rechte als ein wehrhaftes Gut betrachtet wird, ist dem schon citierten cap. 6 in VI° de sent. excommun. 5, 11 mit Sicherheit zu entnehmen[68]: praeterea cum omnes leges omniaque jura vim vi repellere, cunctisque sese defensare permittant, licuit utique ipsi Decano (si praedictus Ballivus eum bonis suis mundanis injuriose spoliare, vel ea violenter occupare praesumpserit, ut superius est expressum) contra illius violentiam injuriamque se tueri[69]. —

[64]) Auch die einzelnen Begriffsmerkmale der Notwehr finden sich im kanon. Rechte aufgestellt. Sie muss „cum moderamine inculpatae tutelae" und „in continenti" geschehen: cap. 3 X de sent. excommun. 5, 39. Ist ersteres nicht beobachtet, so ist die Handlung widerrechtlich und strafbar: cap. 18 X de homic. vol. et cas. 5, 12. Ebenfalls vom Notwehrexzesse handelt cap. 2 eodem. Merkwürdigerweise bleibt die Tötung des fur nocturnus immer sraflos. (Das kanon. Recht geht also hier noch über das spätere römische Recht hinaus: vgl. fr. 5 pr. ad leg. Aquil. 9, 2); u. z. wird dies in cap. 3 X h. t. damit begründet, dass man in der Nacht nicht unterscheiden kann, „quod ad furendum, non ad occidendum venisset". Ob damit die Tötung des fur nocturnus immer als rechtmässig angesehen werden soll, kann zweifelhaft erscheinen; die Quellen sagen von dem Totschläger ganz allgemein: non pertinere ad eum homicidium.

[65]) cap. 6 in VI° de sententia excommunic. 5, 11.

[66]) cap. 6 § 2 X de homicid. volunt. vel cas. 5, 12.

[67]) can. 7 causa XXIII quaestio 3.

[68]) Geyer, a. a. O. S. 72 leugnet, u. E. ohne Grund, die Beweiskraft dieser Stelle.

[69]) Eine andere Frage ist es, ob derjenige, der um Hab und Gut willen, einen Anderen totgeschlagen hat, nicht der Irregularität verfällt. Dies wird auf

Die Anschauung, welche die Kirche von dem Einflusse des Notstandes im engeren Sinne auf die rechtswidrigen Handlungen hatte, spiegelt sich im allgemeinen wieder in dem cap. 4 X de regulis juris 5, 41: quod non est licitum in lege, necessitas facit licitum. Dieser Ausspruch bezieht sich wohl zunächst nur, wie die Begründung zeigt („nam et Sabbathum custodiri praeceptum est, Maccabaei tamen sine culpa sua in Sabbatho pugnabant"), auf rein kirchliche Gebote und Verbote, die für den Fall des Notstandes cessieren sollen; so wie z. B. cap. 6 X de poenitentia 5, 38 bestimmt: Si illi, qui aliquos dies in pane et aqua ex injuncta sibi poenitentia tenentur peragere, panem, quo vescantur, non habent, leguminibus aut piscibus aut aliis cibariis reficiantur, si necessitas id exposcat: discretione tamen adhibita, quod his non ad delicias, sed ad sustentationem utantur. Hier kann die Frage, ob der Einzelne ein Recht auf die Notstandshandlung bekommt, gar nicht aufgeworfen werden, weil es sich um keinen Eingriff in die Rechtssphäre dritter Personen handelt[70]. Hingegen haben wir es mit einem wirklichen Notstandsrecht zu thun in denjenigen Quellenstellen, die vom „Notdiebstahl"[71] handeln. Ganz ähnlich wie dem deutschen, liegen hier auch dem kanonischen Rechte, wohl im Anschluss an das christliche Gebot der Nächstenliebe, sozialistische Ideen zu Grunde. Wenigstens hat es einen stark biblischen Anklang, wenn can. 8 § 4 dist. 47 etwas emphatisch betont: neque enim minus est criminis, habenti tollere quam, cum possis et habundas, indigentibus denegare. Esurientium panis est, quem tu detines; nudorum indumentum est, quod tu recludis, miserorum redemptio est et absolutio pecunia, quam tu in terra defodis! Ganz positiv wird die Rechtmässigkeit des Eingriffes in

---

Grund des cap. 10 X de hom. vol. vel. cas. 5,12 unbedingt zu bejahen sein. Und insoweit hat die Glosse Recht, wenn sie zu dieser Stelle bemerkt: ex hoc § colligitur aperte non licere clericis occidere latrones pro rebus conservandis. Die Tötung in rechter Notwehr zum Schutze des eigenen Leibes oder Lebens hatte aber zweifellos die Irregularität nicht zur Folge: Clementina unica 5, 4. Bestritten ist es bei der Tötung in Leibesnotwehr zu Gunsten anderer Personen. Vgl. Levita, a. a. O. S. 59 ff.; Seeger, a. a. O. S. 411 ff.; Friedberg, Lehrbuch des Kirchenrechts S. 136 A. 18; Hinschius, Kirchenrecht I. S. 43 A. 9.

[70]) S. o. Seite 29.

[71]) Eigentlich sollte man da, wo ein Recht zum Eingriffe in fremdes Eigentum gegeben ist, gerade nicht mehr von einem Not-„Diebstahl" reden.

fremdes Eigentum bei rechter Hungersnot mit salbungsvollen Worten in can. 26 dist. 5 de consecratione anerkannt: discipulos, cum per segetes transeundo vellerent spicas et ederent, ipsius Christi vox innocentes vocat, quia coacti fame hoc fecerunt[72]). —

IV. — Fassen wir nunmehr, nachdem wir ihre Fundamente kennen gelernt haben, noch kurz die weitere Entwickelung der Notstandsrechte ins Auge.

Von dem Zeitpunkte an, da sich durch die strafrechtlichen Kodifikationen am Ende des 15. und am Anfange des 16. Jahrhunderts die Scheidung von Civil- und Kriminalrecht zunächst für die Gesetzgebung vollzog, ist die Notwehr sowohl, wie der Notstand im engeren Sinne fast ausschliesslich nur in den Strafgesetzbüchern geregelt worden. Infolgedessen haben sie dann auch ihre wissenschaftliche Behandlung in der Hauptsache nur durch die kriminalistische Litteratur erfahren[73]).

Trotzdem hat das aber nicht, wie eigentlich erwartet werden könnte, zu einer einheitlichen Auffassung von der juristischen Natur dieser beiden durch die Not gebotenen Handlungen etwa in dem Sinne geführt, dass letztere hier sowohl wie dort nur als Strafausschliessungsgrund gedacht wurde.

Vielmehr hielt man, wie verschieden auch im einzelnen der Begriff zu verschiedenen Zeiten bestimmt wurde, bei der Notwehr trotz ihrer ausschliesslichen Behandlung im Kriminalrechte an der Vorstellung fest, dass sie dem Handelnden ein Recht zur Verteidigung gebe, eine Auffassung, die sich um so mehr von selbst ergab, als sich in ihr, wie wir gesehen haben, germanische und römische Anschauungen übereinstimmend begegneten. Die Idee eines Notwehrrechtes liegt denn auch der Litteratur des gemeinen Strafrechts sowohl, wie der grossen Menge der in Deutschland entstandenen Partikularstrafgesetzbücher und deren wissenschaftlicher Be-

---

[72]) Im Widerspruche hiermit scheint es zu stehen, wenn cap. 3 X de furtis 5, 18 für den Diebstahl propter necessitatem famis aut nuditatis eine dreitägige Pönitenz festsetzt. Die Antinomie löst sich insofern, als aus der Summa und der Glosse hervorgeht, dass das caput nur von einer necessitas non multum urgens handelt, einen wahren Notstand somit gar nicht im Auge hat. Vgl. Janka, a. a. O. S. 50.

[73]) Die Civilisten handeln von ihnen fast immer nur bei Gelegenheit der Ersatzpflicht aus unerlaubter Handlung, als von „Gründen, welche die Widerrechtlichkeit ausschliessen“.

arbeitung durchgängig zu Grunde. Es fehlt uns der Raum, um den Beweis hierfür aus den einzelnen Gesetzen selbst zu erbringen[74]). Wir müssen uns hier mit dem Hinweise begnügen, dass dieselbe Auffassung von der Rechtmässigkeit der Notwehr auch heute noch auf dem Boden des R. Str. G. B. von allen Schriftstellern in seltener Übereinstimmung vertreten wird. Und wir meinen, dass dieses schliessliche Resultat einer geschichtlichen Entwickelung wohl auch nach rückwärts einen Fingerzeig dafür abgeben kann, dass der Gedanke eines Rechtes zur Notwehr sicherlich auch der Kodifikation angehört hat, die als der Ausgangspunkt und die Quelle des deutschen Strafrechts der letzten drei Jahrhunderte zu betrachten ist: der Constitutio Criminalis Carolina, deren Artikel 139: Item welcher eyn rechte notweer, zu rettung seins leibs und lebens thut, und denjhenen, der in also benötigt inn solcher notweer entleibt, der ist darum niemants nit schuldig, von einigen Theoretikern dahin gedeutet worden ist[75]), als lasse er die Rechtswidrigkeit der Verletzung in Notwehr unangetastet und begründe für sie weiter nichts als eine Ausnahme vom Strafgesetz, eine Auffassung, gegen die Levita (a. a. O. S. 144) mit Recht einwendet: „Wie hätte dies ein Rechtsbuch thun können, welches überall auf dem festen Grunde altgermanischer Rechtsanschauung ruht, und sich mit einer Verweigerung der Anerkennung des Rechtes der Selbstverteidigung von dieser gerade so weit entfernt hätte, als von seiner mit den germanischen Prinzipien ganz übereinstimmenden römischen Quelle, die eben um dieser inneren Verwandtschaft willen zur Gestaltung seiner eigenen Grundsätze von demselben aufgenommen werden konnte“[76]).

---

[74]) Wir verweisen auch hier auf die Citate in der einschlägigen Litteratur, namentlich auf Levita, a. a. O. S. 158—281.

[75]) Bes. von Zöpfl, Archiv des Kriminalrechts, Neue Folge (1842). S. 347.

[76]) Man hat aus dreifachem Grunde geleugnet, dass die C.C.C. ein Recht der Notwehr kenne: 1) weil sie in der Artikelüberschrift nur davon spreche, dass die Notwehr „entschuldigt“. Mit derselben Berechtigung könnte man wegen der Fassung des § 53 des R.St.G.B das Notwehrrecht auch für unsere Tage leugnen. Denn er sagt ebenfalls nur: eine strafbare Handlung ist nicht vorhanden, wenn der Thäter in Notwehr gehandelt hat. 2) deshalb, weil das Gesetzbuch zufolge der Überschrift von Art. 138 die Notwehr zu den „unlaugbarn todtschlegen“ zählt, indem man behauptete, dass damit auf das Verbrecherische der Handlung hingewiesen sei. Dem gegenüber bemerkt Levita (im Anschluss an Birnbaum, Neues Archiv für Krimin.-R. Bd. XIII) mit Recht, dass das Wort „Totschlag“ weiter nichts, als die Thatsache wiedergeben soll, dass mit Willen oder nicht ohne Willen, wenn auch

Während also die Notwehr durch ihre rein kriminalistische Behandlung irgend einen Schaden in Bezug auf ihre rechtliche Natur nicht davongetragen hat, muss das gerade Gegenteil von dem Notstande im engeren Sinne gesagt werden. Für ihn ist die Vernachlässigung, die er von seiten der Civilisten erfahren hat, in hohem Masse verderbenbringend geworden. Denn das Strafrecht, das sich für die Folge seiner annahm, war seiner Natur nach nicht im stande, das schwierige Problem, das hier vorlag, befriedigend zu lösen. So ist er denn bis auf den heutigen Tag sowohl in Bezug auf seine prinzipielle Behandlung als auf seine Regelung in den Details ein Schmerzenskind der Gesetzgebung und ein Zankapfel der Wissenschaft geblieben.

Zunächst muss konstatiert werden, dass weder die Glossatoren, noch die italienische Schule, etwa im Anschluss an die oben mitgeteilte Kasuistik des römischen Rechts der Ausbildung eines Notstandsrechtes irgend wie förderlich gewesen sind[77]). Aber auch bei der Abfassung der Peinlichen Gerichtsordnung Kaiser Karls V. sind sowohl die zahlreichen hier einschlagenden und oben angeführten Quellenstellen des älteren deutschen, wie auch die des römischen

---

in ganz rechtmässiger Weise eine Tötung geschehen ist. — Man hat 3) den Umfang des Notwehrrechtes wenigstens insofern einschränken wollen, als man sagte, die C.C.C. kenne es nur zur Verteidigung von Leib und Leben und hierbei auf die Stellung der Notwehr in der Lehre von den Tötungsverbrechen hinwies, (Zöpfl, a. a. O.; Geyer, a. a. O. S. 138 f.). Auch diesen Einwand hat Levita entkräftet, indem er sagt, diese ihre Stellung rühre nur daher, dass der Gesetzgeber, „das freie Gebahren des richterlichen Ermessens begünstigend“ (vgl. Art. 142 und 143) nur für den wichtigsten, damals wohl auch häufigsten Fall der Notwehr einen festen Anhaltspunkt geben, nicht aber, weil er sie für die übrigen nicht hierhergehörigen Fälle ausschliessen wollte. Das Recht der Ehren- und Eigentumsnotwehr geht denn auch ganz zweifellos hervor aus Art. 140 und 150 der C.C.C. Vgl. auch Seeger, a. a. O. S. 428—433.

[77]) Erstere beschäftigten sich mit dem Notstande überhaupt nur im Anschluss an die const. 2 ad. legem Cornel. 9, 16, die von der Rettung des eigenen auf Kosten fremden Lebens handelt, von einem Falle also, wo nach dem im Kap. 1 Gesagten von einem Notrechte an und für sich schon keine Rede sein kann. Von letzterer wird er bis auf Clarus überhaupt nicht erwähnt. Erst dieser greift aus dem kanon. Recht den „Diebstahl“ in echter Hungersnot auf, den er für ein Recht des in Not Befindlichen erklärt: nam tempore extremae necessitatis licitum est furari. Und in der Lehre von der Tötung berührt er ebenfalls die oben citierte Kodexstelle, über deren Inhalt er aber weit hinaus geht, wenn er sagt: insultato non solum licet occidere insultantem, sed etiam licet occidere alium non offendentem, si ab illo insultante se aliter defendere non poterat, nisi istum interficerit.

Rechts fast vollständig unbeachtet und unberücksichtigt geblieben. Die C. C. C. regelt aus dem weiten Gebiete des Notstandes weiter nichts als den Notdiebstahl, und auch diesen in durchaus unzulänglicher Weise[78]. Es sind die Artikel 166 und 175, um die es sich hier handelt:

Item so jemandt durch recht hungers not, die er, sein weib oder kinder leiden, etwas von essenden dingen zu stelen geursacht würde, wo dann derselb diebstal nicht[79] tapfer gross und kündtlich wer, sollen abermals richter und urtheyler (als obsteht) radts pflegen. Ob aber der selbigen dieb eyner unsträfflich erlassen würd, soll jm doch der kläger umb die klag desshalb gethan nichts schuldig sein — und Art. 175:

Item so sollen auch die diebstall, so an geweichten dingen und stetten begangen, die hungers nott, auch jugent und thorheyt der personen, wo der eyns mit grundt angezeygt würde, auch angesehen, und wie von weltlichen diebstalen desshalb gesetzt ist, darinn gehandelt werden.

Nur zaghaft, gleich als fürchte er, sich die Finger an ihm zu verbrennen, tritt hier der Gesetzgeber an den Gegenstand heran. Der Fassung der C. C. C. gegenüber kann von einem Rechte, in der Not in fremdes Eigentum einzugreifen, keine Rede sein. Es ist ja nicht einmal die Straflosigkeit für den Notdiebstahl offen ausgesprochen. Dass dies im Vergleich zum kanonischen Rechte einen Rückschritt bedeutet, braucht wohl nicht erst gesagt zu werden. Abgesehen davon ist aber der Begriff des furtum in casu necessitatis commissum auch noch über alle Gebühr eng gefasst worden, was denn auch in der Folgezeit dem ohnehin nicht beliebten Gesetzbuche von seiten der Wissenschaft die heftigsten Vorwürfe eingetragen hat[80].

---

[78]) Art. 145, oft hierher gezogen, handelt nicht vom Notstande, sondern ähnlich, wie fr. 45 § 4 ad leg. Aqu. 9, 2 von der aberratio ictus in Notwehr. Vgl. van Calker, „Vom Grenzgebiet zwischen Notwehr und Notstand" in der Zeitschrift f. d. gesamte Strafrechtswissenschaft Bd. 12 S. 456 ff. und Tobler, a. a. O. S. 111 ff.

[79]) Zur Lesart vgl. Stammler, a. a. O. S. 26.

[80]) Böhmer (meditat. in C.C.C. ad art. 166 § 1) nennt den articulus einen „satis confuse conceptus", und von Kress wird er in folgender Weise charakterisiert (commentatio in C.C.C. ad. Art 166 § 1): „hunc articulum argumentum de furto in casu necessitatis commisso confuse et obscure aliquatenus tractare, nec diversas species et quaestiones rite secernere, nemo lectorum, ut puto, negabit". Über die enge Fassung selbst suchte die gemeinrechtliche Wissenschaft durch eine möglichst extensive Interpretation hinauszukommen. Vgl. Janka, a. a. O. S. 67 f.

Es ist klar, dass diese dürftigen Bestimmungen der Peinlichen Gerichtsordnung in keiner Weise auch nur die Ausbildung eines allgemeinen Notstandsbegriffes, geschweige denn die Anerkennung eines Notstandsrechtes irgendwie fördern konnten. Immerhin finden wir doch in der älteren gemeinrechtlichen Doktrin einige schüchterne Versuche, zu einer etwas allgemeineren Auffassung des Notstandes durchzudringen[81]). Und dabei wird auch bereits darüber gestritten, ob der im Notstand erfolgende Eingriff in fremde Rechtssphären in Ausübung eines dem Gefährdeten zustehenden Rechtes geschehe, oder ob nicht vielmehr eine solche Handlung rechtswidrig bleibe, und von der Rechtsordnung nur entschuldigt werde[82]).

Indessen wirklich gründlich wurde in die Materie des Notstandes von seiten der Wissenschaft erst eingedrungen, als die Philosophie am Ende des vorigen und am Anfange dieses Jahrhunderts sich des Gegenstandes zu bemächtigen anfing. Während aber Kant und Fichte sich noch damit begnügten, für eine Erweiterung des Notstandsbegriffes einzutreten, indem sie nicht nur die Kollision von Leben und Eigentum, wie es die bisherige Doktrin fast ausschliesslich gethan hatte, sondern auch diejenige von Leben und Leben als einen echten Fall des Notstandes erklärten, für den sie im übrigen ganz allgemein nur den Charakter eines Strafausschliessungsgrundes beanspruchten[83]), ist es vor allem Hegel gewesen, der zuerst positiv die Anerkennung eines Notstandsrechtes gefordert hat, wenigstens für den Fall, dass ein gefährdetes Leben sich nur durch Verletzung fremden Eigentumes erhalten kann. Die Theorie, die auf den Gedanken Hegels weiter baute, hat dann das Notrecht ausgedehnt zunächst auf den Fall der Perforation, der Zerstückelung des Kindes im Mutterleibe und dann ganz allgemein auf jede Kollision zwischen dem Leben und einem anderen Rechtsgute, als wiederum dem Leben selbst. Die hauptsächlichsten Vertreter dieser wissenschaftlichen Richtung sind Köstlin und Levita[84]).

---

[81]) Vgl. Stammler, a. a. O. S. 29ff.

[82]) S. z. B. Leyser, meditat. ad. pandectas, spec. 537, I: „summa necessitas ablationem rei alienae non excusat solum, sed justam reddit."

[83]) Er sollte nach Kant impunibile, nicht inculpabile sein.

[84]) Jener in seiner „Neuen Revision der Grundbegriffe", und in seinem „System des deutschen Strafrechts"; dieser in dem ersten Abschnitte seines schon öfter citierten Werkes. S. auch Wessely, a. a. O. S. 13. Die Anhänger dieser Lehre teilen dann unseren Notstand im engeren Sinne (so genannt im Gegensatz zur

Des näheren auf sie einzugehen, müssen wir uns aber schon aus dem Grunde versagen, weil die von ihr erhobene Forderung eines Notstandsrechtes in keinem der zahlreichen, in diesem Jahrhundert auf deutschem Boden entstandenen Partikularstrafgesetzbücher ihre praktische Anerkennung gefunden hat. Vielmehr stimmen sie, soweit sie auch im einzelnen hinsichtlich der Regelung des Notstandes auseinandergehen, in diesem negativen Resultate: der Verweigerung eines Notstandsrechtes sämtlich überein[85]. Und dasselbe muss leider auch von unsrem Reichsstrafgesetzbuche gesagt werden[86]. —

Die aus den Prinzipien des letzteren sich ergebende Rechtswidrigkeit der Notstandshandlung kommt aber natürlich insoweit nicht in Betracht, als sich etwa aus dem jus civile ein Recht zu derselben nachweisen lässt. Und wenn das letztere auch, wie schon bemerkt worden ist, die ihm hier zufallende Aufgabe in der Hauptsache nicht gelöst hat, so lassen sich doch einige Ansätze zu einem Notstandsrechte bereits auf dem Boden des geltenden Privatrechts nachweisen.

Notwehr) seinerseits wiederum in die Fälle des Notstandsrechts und in die Fälle des Notstandes im engeren Sinne, worunter nach dem oben Gesagten die Kollision zwischen Leben und Leben und alle diejenigen Kollisionen rechtmässiger Interessen fallen würden, bei denen das Leben nicht mit in Frage steht.

85) Vgl. Janka, a. a. O. S. 217 ff.; Stammler, S. 51 ff. — Erörtert wurde das Notstandsrecht sowohl in den ständischen Verhandlungen über das Württembergische Strafgesetzbuch von 1839, als auch in den badischen Kammern bei Beratung des Strafgesetzbuches für das Grossherzogtum Baden von 1845. Beide Male wurden indessen die diesbezüglichen Anträge, nachdem sich die Regierungsorgane dagegen ausgesprochen hatten, abgelehnt (v. Wächter, Das sächs. und das thüring. Strafrecht S. 361 N. 6; Thilo, Strafgesetzbuch für das Grossherzogtum Baden mit den Motiven der Regierung S. 121).

86) Oppenhoff scheint allerdings für das R. Str. G. B. die Annahme eines Notstandsrechts befürworten zu wollen, wenn er § 53 No. 9 (vgl. auch § 54 No. 7) sagt: „Gegenüber einem im Notstandsfalle wider fremdes Eigentum gerichteten, mithin nicht rechtswidrigen Angriffe, soll nach Reichsgericht (Entsch. in Strafs. 23, 116) die Gegenwehr des Eigentümers da berechtigt sein, wo dessen Eigentum im Vergleiche mit der dem Notstandsberechtigten drohenden Gefahr einen solchen Wert besitzt, dass jenem nicht zugemutet werden kann, dasselbe unbeschützt zu lassen". Die citierte Entscheidung spricht allerdings davon, dass der im Notstand erfolgende Eingriff in fremdes Eigentum nicht rechtswidrig sei. Die Begründung der Entscheidung schwebt aber auch völlig in der Luft. Darüber, dass die Notstandshandlung de lege lata im allgemeinen nicht rechtmässig ist (Ausnahmen sogleich), herrscht sonst in der Litteratur Einstimmigkeit.

Zunächst hat sich in der gemeinrechtlichen Doktrin auf Grund der oben Seite 53 f. mitgeteilten Quellenstellen die Ansicht gebildet, dass der im Notstand Befindliche ein Recht habe, zur Rettung seiner Rechtsgüter in fremde Vermögenssphären einzugreifen[87]). Und zwar soll sich dieses Recht nicht auf Opferung fremder Vermögensobjekte zu Gunsten eines höherwertigen eigenen Interesses beschränken, sondern allemal gegeben sein, wenn der Bedrohte handelt zur Rettung eines Rechtsgutes, das für ihn „von einiger Bedeutung“ und nicht im Verhältnis zu dem in Frage stehenden Interesse Dritter von „verschwindender Geringfügigkeit ist“[88]).

Indessen wir haben oben schon hervorgehoben, dass aus jenen Entscheidungen Ulpians, in denen er die Ersatzpflicht des im Notstande Handelnden verneint, nicht auf ein für diese Fälle gegebenes Recht zur Verletzung fremden Eigentums geschlossen werden dürfe, dass sie vielmehr lediglich den Ausschluss der Strafe für eine nicht strafwürdige Handlung aussprechen, ihren rechtswidrigen Charakter aber unangetastet lassen[89]). Wir glauben daher nicht, dass die ge-

[87]) Sintenis, Civilrecht, § 27 Text zu Anm. 10; Windscheid, Pandekten II. § 455 A. 11; Dernburg, Pandekten II. § 131, zu A. 9; Bekker, System I. S. 70. Ebenso Stammler, a. a. O. S. 64; Binding, Grundriss S. 127. Unbestimmt äussert sich Regelsberger, Pandekten S. 645 („Ausschluss der Widerrechtlichkeit“). S. auch Wächter, Handbuch des im Königr. Württemberg geltenden Privatr. II. S. 407 und Thibaut, im Archiv für civilistische Praxis Bd. 8 S. 139 ff.

[88]) So das Reichsgericht in Bd. V der Entsch. in Civilsachen S. 161 ff. Es handelte sich um einen Fall, der sich Anfang der 80er Jahre auf der Elbe zugetragen hat. Ein Kauffahrteischiff, das auf der Reise nach Hamburg begriffen, abends in der Nähe des äussersten Feuerschiffes vor Anker gegangen war, fand am anderen Morgen, als es zur Fortsetzung der Fahrt den Anker lichten wollte, um denselben ein Drahtseil geschlungen, welches sich später als das zur Verbindung des Festlandes mit Helgoland dienende Telegraphenkabel herausstellte. Da der Versuch, den Anker von dem Drahtseile zu befreien, nicht gelang, liess der Kapitän das letztere durchhauen. (Also offenbar: fr. 29 § 3 ad leg. Aquil. 9, 2). Der Rheder des Schiffes wurde darauf von der Hamburg-Helgoländer-Telegraphen-Gesellschaft auf Ersatz des hierdurch entstandenen Schadens verklagt. Das Reichsgericht wies die Klage ab, weil der Kapitän zu der schädigenden Handlung „berechtigt“ war; denn das R.R. „gestatte“ im Notstand den Eingriff in fremde Vermögensrechte, u. z. ohne Ersatzpflicht. — Vgl. auch Seufferts Archiv XXVII Nr. 202; XLII Nr. 295; Entscheid. des Oberst. Landesgerichts f. Bayern (Civilrecht und Civilprozess) Bd. 9 S. 415.

[89]) Wir meinen darum, dass das Reichsgericht in dem besprochenen Falle auf Grund der Rechtswidrigkeit der in Frage stehenden Handlung die Ersatz-

meinrechtliche Theorie von der Existenz eines Notstandsrechtes in dem beschriebenen Umfange im Einklange mit der lex lata steht[90]). Wohl aber ist es für einzelne, speziell geregelte Fälle anerkannt. Ausser den schon erwähnten Bestimmungen der lex Rhodia de jactu gehören hierher: die von der grossen Havarie handelnden Artikel 702, 704, 708 des H. G. B., ferner der § 17 des Gesetzes über das Postwesen vom 28./X. 1871, demzufolge die ordentlichen Posten, die Extraposten, Kuriere und Estafetten das Recht haben, sich der Neben- und Feldwege, sowie der ungehegten Wiesen und Äcker zu bedienen, wenn die gewöhnlichen Postwege gar nicht oder nur schwer zu passieren sind, unbeschadet des Rechts der Eigentümer auf Schadensersatz; der § 75 der Seemannsordnung vom 27./XII. 1872[91]), wonach der Schiffer

---

pflicht hätte bejahen müssen. Denn die Motive, welche die römischen Juristen zu ihrer Verneinung bestimmt haben, können für uns nicht mehr massgebend sein, nachdem durch die gewandelte Rechtsanschauung im Laufe der Zeit die Strafklagen zu reinen Ersatzklagen geworden sind. Ebenso Pernice, a. a. O. S. 71 Anm. 2 a. E. und Unger, Handeln auf eigene Gefahr, in Iherings Jahrb. Bd. 30 S. 378 f. Auf Grund derselben Argumentation wird die Ersatzpflicht für im Notstand zugefügte Rechtsverletzungen vor allem auch von v. Tuhr S. 120—137 gefordert. Er sagt u. E. vollkommen treffend: „Hätten die Römer den Schadensersatz im Falle des Notstandes durch Statuierung eines Notrechts ausgeschlossen, so wären wir an ihre Auffassung vielleicht gebunden. Da nun aber der im Notstand Befindliche ersatzfrei bleibt, weil er nicht strafwürdig gehandelt hat und deshalb auch die Strafe der Ersatzverpflichtung nicht verdient, so ist dies für uns, die wir im Schadensersatze eine nicht odio delinquentis, sondern favore ejus, qui damnum passus est eingeführte Obligation sehen, kein Grund, den Geschädigten leer ausgehen zu lassen“. Die herrschende Ansicht verneint aber die Ersatzpflicht. Vgl. auch Bruckner in der Krit. Vierteljahrsschrift, Bd. 35 S. 529.

[90]) Wenn man sich aber einmal auf diesen Standpunkt stellt und ein solches Recht annimmt, dann kann man unmöglich denjenigen, der es ausübt, unter Umständen bestrafen wollen! Es bedeutet darum eine gröbliche Verkennung des Verhältnisses von Civilrecht und Strafrecht, wenn das R. G. in der citierten Entscheidung ausführt: „Die in der neueren strafrechtlichen Doktrin und auch in § 54 des deutschen Str. G. B. zur Geltung gelangte begriffliche Beschränkung des Notstandes auf eine gegenwärtige Gefahr für Leib oder Leben ist für die Frage, ob durch eine mit Strafe bedrohte Handlung ein civilrechtlicher Anspruch begründet wird, an sich nicht massgebend. Es erscheint daher auch unerheblich, ob der Kapitän sich einer Übertretung der §§ 317—319 des Str. G. B. schuldig gemacht habe“.!!

[91]) Nicht § 57, wie bei Binding, Handbuch S. 772 und 925 und wohl im Anschlusse daran bei Merkel, a. a. O. S. 54 fälschlich zu lesen steht.

befugt ist, die Güter, die ein Schiffsmann ohne seine Erlaubnis an Bord gebracht hat, über Bord zu werfen, wenn dieselben Schiff oder Ladung gefährden; und schliesslich noch der § 9 der Strandungs-Ordnung vom 17./V. 1874, der dem Strandvogte die Befugnis einräumt „zur Rettung von Menschenleben die erforderlichen Fahrzeuge und Gerätschaften, sowie jeden ausserhalb der öffentlichen Wege zum Strande führenden Zugang auch ohne Einwilligung der Verfügungsberechtigten in Anspruch zu nehmen“ [92]).

Von diesen singulären Fällen abgesehen sind nach unserer Ansicht für das Gebiet des gemeinen Privatrechts die Rechtsverletzungen im Notstande mangels entgegenstehender civilrechtlicher Bestimmungen für rechtswidrig und ausserhalb des engen im § 54 des R. Str. G. B. aufgestellten Rahmens auch für strafbar anzusehen. —

Was endlich die Partikularrechte betrifft, so lässt sich ein echtes Notstandsrecht nachweisen einmal, wenn auch in sehr engen Grenzen im Allgemeinen Landrecht, dessen § 155 I, 9 bestimmt: „Wird jemand von wilden Tieren angefallen, so sind ihm zur Verteidigung seines Lebens und seiner Gesundheit alle Mittel, dieselben von sich abzuwenden, oder zu töten erlaubt“; was Dernburg, wohl mit Recht, auch auf den Fall ausgedehnt wissen will, dass ein Dritter das Tier niederschiesst, um das Leben einer ihm fremden Person zu retten [93]). Und ferner findet sich ein solches, und zwar in einem etwas weiteren Umfange, im Sächsischen Bürgerlichen Gesetzbuch, das in den §§ 182, 183 jedem die Befugnis erteilt, „seine Person und sein Vermögen gegen Tiere Anderer durch Verjagung und soweit nötig, selbst durch Tötung derselben zu schützen, wenn nicht besondere Berechtigungen entgegenstehen, und ebenso fremde Sachen, welche einer eigenen Sache Schaden zufügen oder derselben Gefahr drohen oder ihren Gebrauch hindern, zur Abwendung dieser Nachteile zu entfernen und soweit nötig, selbst zu beschädigen oder zu vernichten [94]).

Im übrigen lässt sich für die Verletzungen im Notstande auch

---

[92]) Der daraus entstehende „wirkliche Schaden“ ist auch hier zu vergüten.

[93]) Preussisches Privatrecht I. S. 252. — Nach § 156 A. L. R. l. c. ist übrigens der Thäter nicht bloss frei von Schadensersatz, sondern die Tiere, die er bei dieser Gelegenheit gefangen oder getötet hat, bleiben ihm sogar zu eigen.

[94]) Und derartige Handlungen verpflichten nicht zum Schadensersatze; argum.: § 1487. Vgl. auch § 185.

aus den kodifizierten Rechten eine Rechtmässigkeitserklärung nicht beibringen[95]. —

Schliesslich noch weniges über das Notrecht im Gebiete der Selbsthilfe. Bekanntlich geht hier im gemeinen Recht die herrschende und durchaus richtige Ansicht dahin, dass, nachdem die Privatstrafen der Römer teils aufgehoben und teils in desuetudinem gekommen sind[96], und besondere öffentliche Strafen im R. Str. G. B. gegen sie nicht vorgesehen sind, der Selbsthilfezweck den rechtlichen Charakter einer Handlung nicht zu ändern, also eine rechtmässige nicht zu einer rechtswidrigen, und eine an sich rechtswidrige nicht zu einer rechtmässigen zu machen im stande sei[97]. Daneben wird aber von der Doktrin für den Fall, „dass obrigkeitliche Hilfe nicht zu erlangen ist und der durch Eigenmacht noch abzuwendende Schaden voraussichtlich ein endgiltiger und nicht wieder herzustellender sein würde, die Befugnis zur eigenmächtigen Anspruchsverwirklichung ganz allgemein angenommen; und zwar wird dieses subjektive Recht auf eventuellen Eingriff in eine fremde persönliche oder sachliche Rechtssphäre, wie oben schon erwähnt, auf fr. 10 § 16 quae in fraud. creditorum 42,8 gestützt. Wir haben schon bei der Besprechung des römischen Rechtes ausgeführt, dass wir diese Stelle hierfür nicht als beweiskräftig ansehen können, und meinen darum, dass auch dieses Notstandsrecht nicht aus der lex lata geschöpft werden kann[98]. Hingegen findet es sich allerdings im preussischen und auch im sächsischen Rechte, dort

[95]) Weder das Österreich. Bürgerl. Gesetzbuch noch der code civil nehmen auf den Notstand irgend welche Rücksicht. Wenn trotzdem sowohl Unger (Österr. Privatrecht II. S. 345) als auch Zachariä v. Lingenthal (Handbuch des französ. Civilrechts II. 8. Aufl. S. 762), ersterer nur für die Verteidigung im Notstande, letzterer ganz allgemein die Rechtmässigkeit und Ersatzlosigkeit der Notstandshandlung behaupten, so können sie sich dabei nur auf vage Billigkeitsgründe oder auf eine naturalis ratio stützen, die indessen keine Rechtsquelle ist.

[96]) Siehe Gierke, Deutsches Privatrecht § 39 A. 8. — Stobbe, Handbuch I. § 70 A. 5. — Windscheid, Pand. I. § 123 A. 4a. — Dernburg, Pand. § 125 A. 9. — Regelsberger, § 190 A. 8. — Förster-Eccius, Preuss. Privatr. § 49 A. 1. — Ausdrücklich aufgehoben worden sind jene Bestimmungen des R. R. z. B. in Württemberg: Ges. über die privatrechtl. Folgen von Verbrechen von 1839 Art. 12. Vgl. Wächter, Württemb. Privatr. II. S. 404 A. 2.

[97]) Windscheid, § 123; Gierke, § 39; Motive zum B. G. B. I. S. 352.

[98]) Auch Regelsberger, a. a. O. S. 676 findet seine Stütze mehr „in der Natur der Sache, und in der allgemeinen Anerkennung“, als in einer positiven Gesetzesvorschrift; fr. 10 § 16 l. c. „beweise höchstens mittelbar“.

im § 78 der Einleitung zum A. L. R. und hier im § 180 des B. G. B. ausdrücklich anerkannt[99]. —

Das Resultat dieser historischen Betrachtung würde sich somit folgendermassen gestalten: Die Befugnis zur Notwehr ist im geltenden Rechte allgemein gegeben. Hingegen für den Notstand und für die Selbsthilfe lässt sich ein Notrecht nicht überall im positiven Rechte nachweisen. Bei dem ersteren bezieht es sich aber auch da, wo es statuiert ist, immer nur auf die Verteidigung gegen die die Gefahr erzeugenden Tiere oder Sachen. Das Recht, im Notstande auch aggressiv vorzugehen und eventuell in die Güterwelt eines unbeteiligten Dritten verletzend einzugreifen, lässt sich nirgends finden.

Das war in der Hauptsache auch der Standpunkt, den noch die beiden Entwürfe zum bürgerlichen Gesetzbuche für das deutsche Reich in unserer Frage eingenommen haben[100].

---

[99]) S. auch Dernburg, Preuss. Privatr. I. S. 257; Schmidt, Vorlesungen über Sächs Privatr. (Leipzig 1869) S. 148 f. — Unger, II. S. 343 vindiziert es auch für das österreichische Recht; kann sich aber auch hier wiederum nur auf die naturalis ratio stützen, denn im Österr. Bürgerl. Gesetzb. findet sich nichts darüber. Ebenso enthält der code civil über die Selbsthilfe keinerlei Bestimmungen.

[100]) Vgl. Kapitel 3; Anm. 1.

Drittes Kapitel.

Die Behandlung der Notstandsfälle im Deutschen Bürgerlichen Gesetzbuche.

Vorbemerkung.

Das B. G. B. handelt von den hier in Frage stehenden Fällen in dem sechsten Abschnitte des ersten Buches, der, abgesehen von dem sich auf die Ausübung der Rechte beziehenden § 226 die Überschrift: Selbstverteidigung und Selbsthilfe trägt. Wir werden indessen für unsere Darstellung diese Zweiteilung nicht beibehalten, einmal, weil das Gesetzbuch unter der Selbstverteidigung verschiedenartige, von ihm selbst nicht einheitlich geregelte Dinge zusammenfasst; und sodann, weil der § 228, der den defensiven Notstand behandelt, in inhaltlichen Zusammenhang mit einer anderen, aber fälschlicherweise (s. o. Kap. 1 am Schluss) in das Sachenrecht geratenen Bestimmung gebracht werden muss: nämlich mit dem § 904, der jene Fälle regelt, die wir oben als aggressive Notstandshandlungen bezeichnet haben [1]).

[1]) Es ist schon oben S. 20 Anm. 61 darauf hingewiesen worden, dass der Unterschied zwischen diesen beiden Arten von Notstandshandlungen kein tiefgreifender, sondern ein in seinen Grenzen ziemlich flüssiger und jedenfalls nicht derart ist, dass er eine doppelte Behandlung dieser Materie in zwei von einander getrennten Paragraphen rechtfertigen könnte. Leider knüpft das Gesetzbuch aber, wie wir noch sehen werden, an ihn auch einen wichtigen praktischen Unterschied. — Seinen Grund hat diese Trennung von zusammengehörigen Dingen in der Entstehungsgeschichte dieser §§. In dem Gebhard'schen Vorentwurf war von der ganzen Notstandslehre nur die Verteidigung gegen Tiere berücksichtigt. Sie auch gegenüber gefahrdrohenden Sachen zuzulassen, glaubte der E nicht nötig zu haben „da eine derartige allgemeine Vorschrift durch ein praktisches Bedürfnis schwerlich gerechtfertigt sei". In dem amtlichen E I fand sie sich aber dann doch in Gestalt des § 187, der bestimmte: „Eine unerlaubte Handlung ist nicht vorhanden, wenn Jemand eine fremde Sache beschädigt oder zerstört, um eine von dieser Sache drohende Gefahr von sich oder einem Anderen abzuwenden, sofern die Handlung zur Abwendung der Gefahr erforderlich war und die Gefahr nicht vorsätzlich oder fahrlässig verursacht worden ist". Des aggressiven Notstandes war überhaupt mit keiner Silbe gedacht, es würden in dieser

Wir werden also auch dem B. G. B. gegenüber an unserer bisher durchgeführten Dreiteilung festhalten und zunächst die Notwehr, dann in einem zweiten Paragraphen den Notstand im engeren Sinne und schliesslich die Selbsthilfe behandeln.

§ 1. Die Notwehr.

I. Im § 227 bestimmt das B. G. B.: „Eine durch Notwehr gebotene Handlung ist nicht widerrechtlich"; und definiert dann im zweiten Absatz in wörtlicher Übereinstimmung mit dem Strafgesetzbuche die Notwehr als diejenige Verteidigung, „die erforderlich ist, um einen gegenwärtigen, rechtswidrigen Angriff von sich oder einem Anderen abzuwenden". Diese Übereinstimmung in den Definitionen, so wenig sie uns auf der einen Seite zwingt, die in der kriminalistischen Litteratur und Rechtsprechung gewonnenen Resultate ohne weiteres auf unser neues bürgerliches Recht anzuwenden, ermöglicht es uns doch andererseits, die dortigen Errungenschaften für unser neues Civilrecht zu verwerten [2]).

Beziehung also die allgemeinen Grundsätze über widerrechtliche Handlungen anzuwenden gewesen sein. Auf demselben Standpunkte stand auch noch der E II, nur dass er die letztere Konsequenz im Gesetzbuche selbst ipsissimis verbis durch den Abs. 3 des § 746 zum Ausdruck brachte: „Die Schadensersatzpflicht wird nicht dadurch ausgeschlossen, dass die schädigende Handlung im Notstande begangen worden ist". (Die Verteidigung im Notstande war durch § 192 in einer vom E I zum Teil erheblich abweichenden Fassung geregelt.) Erst die Reichstagsvorlage brachte in § 888 den jetzigen, auch den Angriff im Notstande berücksichtigenden § 904. Vgl. hierzu neuerdings Endemann in der 3. Aufl. seiner „Einführung in das Studium des B. G. B." S. 370 Anm. 2. (Die hierher gehörigen Ausführungen der 1. und 2. Aufl. enthielten mannigfache Irrtümer und Fehler). — Wenn übrigens letzterer die ganze Lehre vom Notstande in § 88 sub titulo „Selbstverteidigung gegen Sachen" behandelt, so wird diese Überschrift dem Inhalte des Paragraphen nicht gerecht.

[2]) Wenn Hölder im Archiv für civil. Praxis, Bd. 73 S. 151 mit Bezug auf den E I. sagt: „es könne fraglich sein, ob der § 186 (jetziger § 227) notwendig war, überflüssig sei es jedenfalls, wenn er in seinem 2. Abs. die Definition der Notwehr durch das Str. G. B. wörtlich wiederhole", so verkennt Hölder eben den Charakter des Notwehrrechtes als eines subjektiven Privatrechts und die damit für das Civilrecht entstehende Pflicht, sich in vollem Umfange mit dieser Materie zu beschäftigen. Nicht der § 227 des B. G. B., sondern der § 53 des R. Str. G. B. wird in Zukunft, wenigstens was seine beiden ersten Absätze betrifft, überflüssig werden.

Was zunächst die Worte „nicht widerrechtlich“ in Absatz 1 angeht, so lässt sich dieser negativen Fassung des Gesetzes die Anerkennung eines Rechtes zur Notwehr noch nicht ohne weiteres entnehmen. Vielmehr hat es den Anschein, als solle ihr zufolge die an sich rechtswidrige Handlung durch die Notwehrlage nur zu einer rechtlich freien, keineswegs schon zu einer rechtmässigen werden. Da es indessen, wenn anders wir ihm überhaupt eine vernünftige Absicht unterlegen wollen, auf jeden Fall als Wille des Gesetzes angesehen werden muss, dass Notwehr gegen Notwehr unzulässig ist; sich aber weiter unten noch zeigen wird, dass nur die rechtmässige und noch nicht die rechtlich freie Handlung das Notwehrrecht ausschliesst; da ferner der in Notwehr Befindliche zweifellos auch die Befugnis haben muss, ein entgegenstehendes subjektives Recht des Angreifers zu verletzen, dieses aber, wie schon einmal hervorgehoben (o. S. 24), wiederum nur von einem subjektiven Rechte überwunden wird, so werden wir nicht anders können, als jenes „nicht widerrechtlich“ positiv mit rechtmässig zu übersetzen und werden also im Absatz 1 des § 227 die Anerkennung eines Notwehrrechtes zu finden haben; eine Interpretation, deren Richtigkeit auch daraus erhellt, dass ihr Resultat in völliger Übereinstimmung mit der soeben skizzierten historischen Entwicklung steht. —

Da Absatz 2 des § 227 nicht nur den Angegriffenen, sondern ganz allgemein jeden für in Notwehr befindlich erklärt, der sich einer, sogleich noch näher zu beschreibenden Situation gegenüber befindet, so steht jenes Recht also jedermann zu; es ist in seinem Erwerbe an keine andere Bedingung, als an den Besitz der Rechtspersönlichkeit überhaupt geknüpft[3]). Und zwar steht es jedermann zu kraft eigenen Rechts. Es ist also für den in Notwehr zu Hilfe Eilenden nicht erforderlich, dass der Bedrohte ihn zu seiner Verteidigung ermächtigt. Vielmehr kann diese sogar wider Willen des Angegrif-

---

[3]) Es auch juristischen Personen zuzuschreiben, ist aber deshalb nicht angängig, weil es ja eine gewisse Aufwendung von physischer Kraft erfordert, wie Binding, Handbuch S. 733 richtig hervorhebt. Letzterer will aber die Korporationen, wenn auch nicht als Ausüber, so doch wenigstens als Inhaber des Notwehrrechtes betrachten, was u. E. eine müssige Konstruktion ist. Denn sie könnten dasselbe doch eben nur durch ihre Vertreter ausüben lassen, und diesen steht es schon proprio jure zu. — Über das Notwehrrecht des Unzurechnungsfähigen s. u. S. 87 Anm. 38.

fenen erfolgen[4]). Nur muss beachtet werden, dass eine Zurückweisung der Nothilfe von seiten des Gefährdeten eventuell einen rechtlich wirksamen Verzicht auf das angegriffene Rechtsgut bedeuten kann, wodurch dann der Angriff seiner Rechtswidrigkeit entkleidet werden und damit das Notwehrrecht mangels einer wesentlichen Voraussetzung von selbst cessieren würde[5]).

Das Notwehrrecht ist also das Recht zu gewissen Eingriffen in die Rechtssphäre eines Anderen, und zwar zu solchen Eingriffen, die erforderlich sind, um einen gegenwärtigen, rechtswidrigen Angriff dieses Anderen von sich oder einem beliebigen Dritten abzuwenden. Was nun die Voraussetzungen und den Inhalt dieses Rechtes im einzelnen angeht, so ist zu sagen:

II. Erforderlich ist für die Ausübung des Notwehrrechtes:

1) ein wehrhaftes Rechtsgut. Wehrhaft aber sind auf jeden Fall das Leben, der Leib (d. h. die körperliche Unversehrtheit), die Freiheit und die Ehre[6]). Dies bedarf keines längeren Beweises. Denn diese Güter für sich genommen, sind ja jedes nur ein Stück unserer Persönlichkeit; wenn das B. G. B. also deren Verteidigung insgesamt gestattet, indem es jedermann erlaubt, einen rechtswidrigen Angriff von sich oder einem Anderen abzuwenden, so muss natürlich auch ihre Verteidigung im einzelnen zulässig sein.

Ein wehrhaftes Rechtsgut aber ist ebenso das Vermögen. Da die Notwehr einen Angriff voraussetzt, ein solcher im technischen Sinne aber, wie sich noch zeigen wird, nur da vorliegt, wo der Eingriff in die fremde Rechtssphäre sich in der Aussenwelt auf eine sinnlich wahrnehmbare Weise manifestiert, so ist ein „Angriff" auf das Vermögen nur insoweit denkbar, als dieses selbst eine für die Aussenwelt sichtbare und greifbare Gestalt angenommen hat. Dies thut es aber immer nur in der Form des Besitzes. Darum ist im

---

[4]) Ebenso Hugo Meyer, Lehrbuch des deutschen Strafrechts (5. Aufl.) S. 277.

[5]) Das Notwehrrecht als solches aber ist unverzichtbar, s. o. S. 35. Es könnte also ein Dritter sein Notwehrrecht zu Gunsten des Bedrohten auch dann noch geltend machen, wenn er dem Angreifer vorher die Unterlassung der Notwehr vertragsmässig zugesichert hätte.

[6]) Letzteres hat auch für das bisherige Recht schon das Reichsgericht angenommen in Bd. 21 der Entsch. in Strafs. S. 168, allerdings bei Gelegenheit eines Falles, wo u. E. die Ausübung eines Notwehrrechtes gar nicht in Frage stand. S. o. S. 29 Anm. 87.

Sinne der Notwehr Angriff auf das Vermögen immer identisch mit Angriff auf den Besitz [7]).

Die Wehrhaftigkeit des Besitzes hat das Bürgerliche Gesetzbuch ausdrücklich anerkannt im Absatz 1 des § 859: „der Besitzer darf sich verbotener Eigenmacht mit Gewalt erwehren“ [8]). Da indessen bereits auf Grund des § 53 des R. Str. G. B. ganz allgemein die Befugnis der Selbstverteidigung auch zu Gunsten des Vermögens angenommen worden ist und wohl niemand vermutet haben würde, dass das B. G. B. in dieser Beziehung in seinem § 227 etwas hiervon Abweichendes habe bestimmen wollen, so dürfte der § 859 in seinem ersten Absatze überflüssig sein, zumal in keiner Weise ersichtlich ist, inwiefern derselbe etwa für die Verteidigung des Besitzes ein über die sonstigen Befugnisse der Notwehr hinausgehendes Recht zur Gewaltanwendung erteile. Denn da die „verbotene Eigenmacht“, gegen welche sich hier der Besitzer wehren darf, doch offenbar nichts anderes ist, als was § 227 mit dem „gegenwärtigen rechtswidrigen Angriff“ bezeichnet; und da es ferner als selbstverständlich erscheinen dürfte (und eventuell aus § 226 zu folgern sein würde), dass auch nach § 859 nur die durch die Verteidigungslage wirklich gebotene Gewalt geübt werden darf, so können wir in § 859 Abs. 1 weiter nichts finden, als die spezielle Anwendung eines in § 227 ganz allgemein aufgestellten Notwehrrechtes auf ein einzelnes Rechtsgut [9]).

Im gemeinen Recht ist es bekanntlich Gegenstand lebhafter Kontroverse, ob der Detentor auch zur Selbstverteidigung gegen den juristischen Besitzer berechtigt ist [10]). Da das B. G. B. den Unter-

---

[7]) Ebenso v. Tuhr, a. a. O. S. 46.

[8]) Vgl. § 142 A. L. R. I, 7; Österr. Bürgerl. Gesetzb. § 344. — Von dem Verhältnisse der Abs. 2 u. 3 des § 859 zu Abs. 1 wird sogleich unten die Rede sein.

[9]) Anderer Meinung scheinen Fischer-Hänle in ihrer Ausgabe des B. G. B. § 859 Anm. 3 zu sein. — Ist § 859 Abs. 1 überflüssig, so ist es auch § 860, soweit er sich auf diesen bezieht. Denn da § 227 ganz allgemein jedem Dritten das Recht zur Notwehr zuerkennt, so darf natürlich auch derjenige, der nach § 855 „die thatsächliche Gewalt über eine Sache für einen Anderen in dessen Haushalt oder Erwerbsgeschäft oder in einem ähnlichen Verhältnisse ausübt“ (der von Bekker treffend als Besitzdiener bezeichnet wird), gegebenen Falls die Rechtsgüter seines Besitzherrn verteidigen. Vgl. auch § 865.

[10]) S. v. Tuhr, a. a. O. S. 46; Wendt in Iherings Jahrb. Bd. XXI. Im allgemeinen wird man wohl auch hier dem Detentor, wenigstens insoweit, als ihm nach der späteren Entwickelung gerichtlicher Schutz, insbesondere durch die Spolienklage gewährt wurde, das Recht zur Selbstverteidigung zuerkennen müssen.

schied zwischen juristischem Besitze und Gewahrsam in dem bisherigen Sinne nicht mehr kennt, so erledigt sich die Frage dahin, dass für die Zukunft allerdings der unmittelbare Besitzer gegen den mittelbaren Besitzer, der ihn im Besitze zu stören sucht, von dem Rechte der Notwehr Gebrauch machen kann[11]. Hingegen ist die blosse Innehaltung, soweit sie vom B. G. B. noch in § 855 anerkannt ist, kein selbständig zu schützendes Rechtsgut: es darf also wohl der Besitzdiener jedem Dritten gegenüber den Besitz seines Herrn, aber niemals diesem gegenüber seine Innehabung verteidigen. Vielmehr steht dem Besitzherrn gegen den Besitzdiener noch ebenso wie im römischen Rechte dem juristischen Besitzer gegen den Detentor, das Recht zu willkürlicher Dejektion in vollem Umfange zu[12]. —

Eine andere Streitfrage des gemeinen Rechts ging dahin, ob auch die quasi possessio, der sogen. Rechtsbesitz, fähig sei, durch Eigenmacht verteidigt zu werden[13]. Das B. G. B. hat im allgemeinen auch mit diesem Institute gebrochen; für die wenigen Fälle aber, wo es dasselbe aufrecht erhalten hat, die Wehrhaftigkeit des Rechtsbesitzes ausdrücklich in den §§ 1029 und 1090 Abs. 2 anerkannt[14]. —

Neben dem wehrhaften Rechtsgute ist für die Entstehung des Notwehrrechtes

---

Auf keinen Fall aber lassen sich für den Detentor weitergehende, über das Civilrecht hinausreichende Befugnisse zur Notwehr aus § 289 des Str. G. B. ableiten, wie Binding, a. a. O. S. 745 Anm. 48 meint. Es gilt hier das, was wir oben schon über das Verhältnis von Civilrecht und Strafrecht gesagt haben. Vgl. Kap. 1 Anm. 97 (S. 34).

[11]) Da beim Teilbesitze des § 865 der Besitzer der ganzen Sache, soweit als der Teilbesitz reicht, zum mittelbaren Besitzer wird, so steht auch dem Teilbesitzer gegen den Sachbesitzer die Notwehr zu.

[12]) Nach preuss. Recht ist die eigenmächtige Entsetzung des Inhabers durch denjenigen gestattet, in dessen Namen er besitzt, „insofern sie ohne Störung der öffentlichen Ruhe und Sicherheit und ohne Verletzung anderweiter Gerechtsame des Inhabers geschieht". §§ 142, 144, 145 A. L. R. I, 7; Dernburg, Preuss. Privatr. I. S. 258.

[13]) Dagegen z. B. Stölzel, oper. nov. nuntiatio § 58, das Oberappellationsgericht in Rostock (bei Budde, Entscheidungen Bd. IX No. 5); ferner die Urteile in Seufferts Archiv Bd. I No. 222; Bd. V No. 258; Bd. XXXVIII No. 212. — Dafür: Seufferts Archiv Bd. IX No. 157 und das Reichsgericht in einer Entscheidung vom 6./III. 1891, abgedruckt bei Seuffert Bd. XLVII No. 11. Vgl. auch Gruchot, Beiträge etc. Bd. V S. 343.

[14]) Es darf also der Quasi-Besitzer seine juris possessio insbesondere auch gegen den Eigentümer des dienenden Grundstücks verteidigen.

2) erforderlich, dass ersteres bedroht wird durch einen „gegenwärtigen, rechtswidrigen Angriff".

Was ein „Angriff" ist, lässt sich juristisch schwer definieren. Zu eng wäre es zweifellos, wollte man darunter immer nur eine körperliche Handlung des Angreifenden oder gar nur die direkte Einwirkung auf einen Gegenstand der Aussenwelt etwa im Sinne des damnum corpore corpori datum verstehen. Vielmehr kann der Angreifer insofern selbst vollkommen unthätig bleiben, als er den Angriff durch Beeinflussung willenloser Werkzeuge, insbesondere von Naturkräften, von Tieren, auch von Unzurechnungsfähigen in Szene setzen kann[15]). Aber irgend ein aggressives Vorgehen, die sich auf irgend eine Weise kundgebende Tendenz, in der Aussenwelt eine Veränderung herbeizuführen, wird man mit der Vorstellung eines „Angriffs" schlechterdings verbinden müssen. Darum kann der Begriff auf keinen Fall durch eine reine Unterlassung, durch ein blosses Nichtleisten erfüllt werden[16]). Und zweitens kann ebenso ein, wenn auch unberechtigtes Verharren im bisherigen Besitze nicht als ein „Angriff" wider den eigentlich Berechtigten angesehen, und darum in einem solchen Falle, z. B. dem mittelbaren Besitzer gegen den unmittelbaren, ein Notwehrrecht nicht zuerkannt werden[16a]).

---

[15]) Ich „greife" z. B. einen Dritten „an", wenn ich, sei es auch nur durch einen Blick oder einen Pfiff, meinen Hund auf ihn hetze.

[16]) Dies nimmt z. B. fälschlicher Weise Berner an: Archiv des Kriminalrechts, Neue Folge 1848, S. 588, wo er das schon mehrfach citierte fr. 10 § 16 quae in fraud. credit 42,8 aus der Notwehrlage zu erklären sucht, in welcher sich der Gläubiger dem flüchtigen Schuldner gegenüber befinden soll. In der That stellt sich aber gerade die Handlung des Gläubigers, nicht die des Schuldners als ein Angriff dar. Mit Recht sagt Stammler, a. a. O. S. 11: „Nach der Ansicht Berners müsste gegen den Dieb immer Notwehr statthaft sein, auch wenn ich ihn erst nach 20 Jahren im Besitze meiner Sache antreffe; denn in dem Weigern, die Sache herauszugeben, würde ja ein Angriff auf mein Vermögen liegen".

[16a]) Dies ist besonders wichtig in Ansehung des Hausfriedens, seines Bruches sowohl wie seiner Verteidigung. Wenn der Mieter nach Ablauf der Mietszeit im Besitze der Wohnung verharrt, und darauf der mittelbare Besitzer ihn mit Gewalt exmittiert, so lässt sich diese Eigenmacht aus dem Gesichtspunkte der Notwehr in keiner Weise rechtfertigen; denn es fehlt an dem erforderlichen Angriffe. Seine Handlung würde sich also höchstens insoweit als eine rechtmässige darstellen, als die engen, unten noch genauer zu besprechenden Voraussetzungen des Selbsthilferechts gegeben sind. Ebenso Reichsgericht, Entsch. in Strafs. Bd. 19 S. 299f.

Vielmehr handelt es sich in diesen beiden Fällen nur um die Verwirklichung eines Anspruchs: dort auf Leistung, hier auf Besitzeinräumung, dem gegenüber wohl die Frage nach der Zulässigkeit der Selbsthilfe, aber keinesfalls die nach der Möglichkeit der Selbstverteidigung auftauchen kann. —

Um das Notwehrrecht auslösen zu können, muss der Angriff insbesondere sein:

a) ein gegenwärtiger. — Da aber das Recht der Notwehr nur ein Recht der Selbstverteidigung und in keiner Weise ein Recht der Verbrechenshinderung ist, da ferner der Angriff, wie sich sofort noch zeigen wird, überhaupt gar kein deliktischer oder in concreto strafbarer zu sein braucht, so wäre es gänzlich verfehlt, den Beginn des Angriffs etwa mit dem Momente zusammenlegen zu wollen, wo sich im strafrechtlichen Sinne der Begriff des Versuchs verwirklicht, und andererseits sein Ende da anzunehmen, wo dort ein delictum consummatum vorliegen würde. Vielmehr muss die Frage, ob ein Angriff bereits begonnen habe, und ebenso die, ob er noch nicht beendigt sei, lediglich nach thatsächlichen Gesichtspunkten beantwortet werden. Und darum dürfte im allgemeinen über den zeitlichen Rahmen des Angriffs zu sagen sein, dass letzterer anfängt mit der Manifestation eines sich zu sofortiger Verwirklichung anschickenden, den Verlust eines Rechtsgutes drohenden Willens [17]; oder wie Binding sagt (Handbuch S. 746): „mit der den Angriffswillen deutlich kundgebenden Vorbereitungshandlung, die in die Ausführungshandlung sich unmittelbar fortzusetzen gewillt scheint"; und dass er aufhört oder endet, wenn der drohende Güterverlust oder Schaden in continenti ein unabwendbarer geworden ist.

Da aber das B. G. B. in § 854 den Erwerb des Besitzes einer Sache ebenfalls von der Erlangung der thatsächlichen Gewalt über dieselbe (und somit den Besitzverlust von dem Abhandenkommen derselben) abhängig gemacht hat, so lässt sich wenigstens für die Vermögensnotwehr das „gegenwärtig" in § 227 dahin bestimmen, dass der Angriff jedenfalls dann als beendet anzusehen ist, wenn der Besitz der Sache auf den Angreifer übergegangen ist.

Weil nun § 859, der von dem Schutze des Besitzers durch Eigen-

---

[17]) Nicht aber schon mit der wörtlichen Drohung, der die sofortige Verwirklichung folgen soll, wie das Berliner Obertribunal (Oppenhoff, Bd. XV S. 839) richtig entschieden hat.

macht handelt, in den Absätzen 2 und 3 offenbar von der Thatsache des bereits erfolgten Besitzverlustes ausgeht (argum.: „so darf er sofort nach der Entziehung sich des Besitzes durch Entsetzung des Thäters wiederbemächtigen"), so sind die in diesen beiden Absätzen dem Verletzten eingeräumten Befugnisse zur Eigenmacht nicht mehr als Akte der Notwehr, sondern als Akte der Selbsthilfe im engeren Sinne aufzufassen, die hier über die Grenzen der §§ 229 ff. hinaus, nicht wegen eines zu Grunde liegenden Notstandes (im Sinne einer Gefahr, dass die Wiedererlangung des Besitzes sonst vereitelt oder wesentlich erschwert würde), sondern vielmehr nach dem Gesichtspunkte der handhaften That dem in seinem Besitzesrechte Angegriffenen (und nach § 860 auch seinem Besitzdiener, aber keineswegs jedem Dritten) zugestanden wird [18]. —

Und aus demselben Grunde stellt auch der § 561, welcher dem Vermieter das Recht giebt „die Entfernung der seinem Pfandrechte unterliegenden Sachen, soweit er ihr zu widersprechen berechtigt ist, auch ohne Anrufen des Gerichts zu verhindern, und, wenn der Mieter auszieht, die Sachen in seinen Besitz zu nehmen"; eben, weil es sich hier nicht um die Verteidigung eines bestehenden, sondern erst um die Erlangung künftigen Besitzes handelt, keinen Fall der Selbstverteidigung, sondern vielmehr einen solchen der Selbsthilfe dar [19].

Es ist also, wenigstens was den Schutz des Vermögens angeht, für die Frage, ob im einzelnen Falle ein drohender Verlust mittelst Selbstverteidigung oder mittelst Selbsthilfe abgewendet werden kann, mithin ob für die anzuwendende Eigenmacht die Voraussetzungen des § 227, oder die engeren des § 229, resp. die des § 859 Abs. 2 und 3 vorliegen müssen, in erster Linie der Umstand entscheidend, ob der Besitz bereits verloren war oder nicht [20]. Letzterenfalls ist Notwehr, ersterenfalls nur Selbsthilfe im engeren Sinne

---

[18]) Die Motive I. S. 349 unterstellen fälschlicherweise die Befugnisse des § 859 Abs. 2 und 3 (E I § 815 Abs. 2, 3), dem Begriffe der Selbstverteidigung. Richtig: Denkschrift S. 59. Aber wiederum falsch: Endemann, a. a. O. S. 369.

[19]) Die aber ebenfalls nicht in einem Notstande, sondern hier in einem dem Vermieter eingeräumten Privilege ihren Grund hat. Wir werden darum bei der Besprechung der Selbsthilfe (unt. § 3) weder die Fälle des § 859 Abs. 2 und 3, noch den des § 561 behandeln.

[20]) Die Apprehension der Sache durch den Dieb, würde einen solchen Besitzesverlust so lange noch nicht darstellen, als er die thatsächliche Gewalt über dieselbe noch nicht erlangt hat. Schickt er sich eben zur Flucht an und

möglich[21]). Dies gilt vor allen Dingen auch dann, wenn es sich darum handelt, festzustellen, welche Rechte dem in seinem Hausfrieden Verletzten gegenüber dem Friedensstörer zustehen. Auch hier muss in erster Linie auf die Frage des verlorenen oder noch nicht verlorenen Besitzes gerücksichtigt werden. Ist jener im Besitze verblieben, so stehen ihm gegen den letzteren zweifellos die Befugnisse der Notwehr zu; hat hingegen dieser seinerseits den Besitz zu erlangen vermocht, so darf der ursprünglich Verletzte nur dann mit Eigenmacht gegen ihn vorgehen, wenn die Voraussetzungen berechtigter Selbsthilfe gegeben sind; andernfalls macht er sich selbst des Hausfriedensbruches schuldig[22]). Ähnlich hat sich auch das Reichsgericht ausgesprochen in einem hierfür sehr instruktiven Falle[23]). Eine Frau, die mit ihrem Ehemann als Leibgedinger auf dem Grundstücke eines X gesessen, nach dem Erlöschen ihres Rechtes aber die innegehabte Wohnung zu räumen hatte und von dem Gerichtsvollzieher gewaltsam exmittiert worden war, hatte sich hinterher in einem zu dem Grundstücke gehörigen Stalle niedergelassen. Nach dem B. G. B. würde hier folgendermassen zu entscheiden sein: hatte die Frau die thatsächliche Gewalt über den Stall bereits erlangt, so standen dem X ihr gegenüber, wenn er in continenti gegen sie vorging, die Selbsthilfebefugnisse des § 859 Abs. 3, falls er das aber nicht that, keinerlei Rechte der Eigenmacht zu, da die Voraussetzungen des § 229 in casu nicht gegeben waren. Vielmehr würde, wenn er nicht sofort nach der Entziehung des Besitzes sich desselben durch Entsetzung der Frau wiederbemächtigt hätte, sondern erst nach geraumer Zeit gewaltsam vorgegangen wäre, seine Handlung sich als eine verbotene Eigenmacht im Sinne des § 858 dargestellt haben. Hatte aber die Frau, was quästio facti ist, den Besitz überhaupt noch nicht erlangt, so war der Angriff auf das Vermögen des X noch ein

---

ist sehr wohl noch erreichbar, so würde letzteres u. E. eben noch nicht der Fall sein, also Notwehr gegen ihn aus § 859 Abs. 1 noch geübt werden können. Damit erledigen sich wohl die Bedenken, die Binding, a. a. O. S. 747 Anm. 54, gegen die im Text vertretene Ansicht hat.

[21]) Vgl. auch Seufferts Archiv Bd. XVI Nr. 169. — Das hier Gesagte ist analog auf den Rechtsbesitz der §§ 1029 und 1090 anzuwenden.

[22]) Vorausgesetzt natürlich, dass die übrigen Thatbestandsmerkmale des § 123 Str. G. B. gegeben sind, worüber hier nicht weiter zu handeln ist.

[23]) Entsch. in Strafs. Bd. 7 S. 259. Vgl. auch Bd. 1 S. 222 und Bd. 8 S. 210.

gegenwärtiger, mithin dieser befugt, von seinem ihm nach § 227, resp. nach § 859 Abs. 1 zustehenden Rechte der Notwehr Gebrauch zu machen. —

Der Angriff braucht ein gegenwärtiger natürlich nur in dem Momente zu sein, wo sich die eigenmächtige Verteidigungshandlung verwirklicht, nicht etwa auch schon zu der Zeit, wo diese nur vorbereitet wird. Es ist also demjenigen, der eine Gefährdung seiner Rechtsgüter vermutet, unbenommen, Vorkehrungen dafür zu treffen, dass der Angriff in dem Augenblicke, wo er sich realisiert, gleichzeitig auch zurückgeschlagen werden kann. Darum darf der Eigentümer eines Grundstücks zur Abwehr von Besitzstörungen Gruben graben, Selbstschüsse legen oder Glasscherben auf seinen Mauern aufstecken. Dies ist auch in der bisherigen strafrechtlichen Doktrin zufolge § 53 des Str. G. B. für zulässig angesehen worden[24]. —

Der zur Begründung des Notwehrrechtes erforderliche Angriff muss aber nach den Worten des Gesetzes nicht nur ein gegenwärtiger, sondern

b) auch ein rechtswidriger sein.

Wir haben schon oben darauf hingewiesen (Kap. 1 Anm. 36), dass das B. G. B. die Worte widerrechtlich und rechtswidrig weder in einem einheitlichen noch in einem technischen Sinne gebraucht. Darum muss ihre Bedeutung in jedem einzelnen Falle besonders untersucht werden.

Würden wir das „rechtswidrig“ in § 227 so wörtlich auffassen, wie wir oben die rechtswidrige Handlung definiert haben, nämlich darunter nur den Angriff verstehen, der sich richtet entweder gegen ein subjektives Privatrecht eines Anderen oder gegen das staatliche Gehorsamsrecht[25], so würden wir zu unhaltbaren Konsequenzen gelangen. Da wir nämlich das Leben, die Körperintegrität, die Freiheit und die Ehre für subjektive Rechte nicht anzusehen vermögen (s. o. S. 5), vielmehr einen Angriff wider sie nur darum und insofern für rechtswidrig halten, weil und soweit er absoluten Gebots- oder Verbotsgesetzen zuwiderläuft, diese aber, wie oben schon erwähnt,

---

[24]) Vgl. Binding, Handbuch S. 748; Olshausen, Kommentar § 53 Nr. 12c; Oppenhoff, Kommentar § 53 Nr. 5. — Natürlich müssen die Abwehrmassregeln derartig getroffen sein, dass sie auch nur gegen den Angreifer, und nicht etwa auch gegen Dritte wirken. Vgl. Sächs. B. G. B. § 184.

[25]) Vgl. o. Seite 3.

nur schuldhaft d. h. vorsätzlich oder fahrlässig übertreten werden können, so würde die Folge sein, dass ein Bedrohter zwar gegenüber einem Angriffe auf sein Eigentum und ähnliche Vermögensrechte immer zur Notwehr greifen könnte (weil hier auch eine objektive d. h. schuldlose Verletzung eine Rechtswidrigkeit darstellt), dagegen sich beim Angriffe auf sein Leben, seine Freiheit u. s. w. nur dann zur Wehr setzen dürfte, wenn dieser sich in concreto als ein schuldhafter erweist. Er würde also schutzlos bleiben, falls dieser ohne jede in casu nachweisliche culpa des Angreifenden erfolgte! Da der Ausschluss des Notwehrrechtes in einem solchen Falle unmöglich der Wille des Gesetzes sein kann, die Notwehr vielmehr, wenn sie überhaupt ihren Zweck erfüllen soll, gegenüber jedem Eingriffe in meine Rechtssphäre zugelassen werden muss, der nicht seinerseits zu Recht erfolgt, so bleibt uns nichts anderes übrig, als dieses „rechtswidrig", ebenso, wie wir es oben schon mit dem „widerrechtlich" des § 823 Abs. 1 gethan haben (vgl. S. 10 f), negativ mit „nicht rechtmässig" wiederzugeben. Wir kommen also bei der Auslegung des § 227 zu dem Resultate: dass Notwehr geübt werden darf gegenüber jedem Angriffe auf unsere Rechtsgüterwelt, der nicht seinerseits einen Rechtstitel für sich hat[26]). Mit anderen Worten: sie ist zulässig sowohl gegen die rechtswidrige, wie gegen die rechtlich freie, und ausgeschlossen nur gegen die rechtmässige Handlung[27]).

Damit erledigen wir zugleich für das künftige bürgerliche Recht zwei bisher in der Strafrechtswissenschaft noch unausgetragene Kontroversen dahin, dass es

1. keine Notwehr gegen Tiere giebt. Denn bei den Angriffen, die von ihnen ausgehen, kann natürlich niemals von Recht- oder Nichtrechtmässigkeit gesprochen werden[28]). — Diese Auslegung findet noch eine weitere Stütze in der Gegenüberstellung der „rechtswidrigen

---

[26]) So wie Böhmer, observ. 2 ad. Carpzov. quaestion. 28 Nr. 26 sagt: „offensionem hoc loco dici, ad quam inferendam offendenti nullum jus est, ad patiendum offenso nulla obligatio incumbit".

[27]) Hier ist also wieder ein Fall, wo die Unterscheidung der rechtlich freien von der rechtmässigen Handlung praktisch wird (s. o. Kap. 1 Anm. 2). — Die Beispiele übrigens, die Binding, a. a. O. S. 740 für die Möglichkeit der Notwehr auch gegen rechtmässige Handlungen vorbringt, sind u. E. abusiv.

[28]) Vgl. o. S. 17. Unsere dort aufgestellte Behauptung wird also hier von der lex lata bestätigt.

Angriffe" des § 227 mit den „Gefahren, welche durch eine Sache drohen" in § 228 des B. G. B. Denn das Gesetz kann sich hier nur einen von zwei Gegensätzen gedacht haben: entweder wollte es scheiden die Menschenwelt von der ihr unterworfenen Natur, also die Rechtssubjekte von den Rechtsobjekten, oder es wollte einander gegenüberstellen: die belebte und die unbelebte Welt. Darüber, dass der erstere Gegensatz der näherliegende, der durchgreifendere und auch der Rechtssprache geläufigere ist, dürfte wohl kaum ein Wort zu verlieren sein[29]).

2. Es gestatten nicht bloss, sondern es zwingen uns unsere obigen Ausführungen direkt zu der weiteren Konsequenz, dass das B. G. B. die Abwehr gegen die Angriffe unzurechnungsfähiger Personen, so wie wir es oben auch de lege ferenda für allein richtig gehalten haben, unter den Begriff der Notwehr und nicht unter den des Notstandes im engeren Sinne stellt[30]). Und auch hier kommt uns ausserdem noch die Fassung des § 228 zu Hilfe. Leugnet man nämlich die Notwehr gegen die furiosi (und was hier von ihnen gesagt wird, gilt natürlich ganz ebenso von den handlungsunfähigen Kindern), so bleibt kein anderer Ausweg, als sie in Ansehung der gegen sie zulässigen Verteidigung unter den Begriff der „gefahrdrohenden Sache" zu stellen; oder man müsste, da dieses doch zu unnatürlich erscheinen möchte (vgl. v. Liszt, Grenzgebiete etc. bei Bekker und Fischer, Heft 5 S. 12), ihnen gegenüber eine „Lücke" im Gesetzbuche konstatieren und die Befugnisse, die uns wider die von ihnen ausgehenden Angriffe zustehen, „nach Analogie" von § 228 bestimmen wollen, was doch ebenfalls recht gekünstelt wäre.

Wir bleiben also dabei, dass Notwehr im Sinne des B. G. B.

---

29) Dass die Verteidigung gegen Tiere dem § 228 zu unterstellen ist, wird auch von den Materialien bestätigt. Motive I. S. 349, 350. Denkschrift, S. 58. Darauf weist auch die Entstehungsgeschichte der §§ 227 und 228 hin. In dem Gebhard'schen Vorentwurf wurden die Tiere insofern expressis verbis von dem Notwehrbegriffe ausgeschlossen, als sich hier neben dem § 200, welcher die Selbstverteidigung gegen Menschen regelte, noch ein bes. § 203 fand, der ausdrücklich bestimmte: „Gegen Tiere darf jedermann seine Person und sofern nicht bes. Berechtigungen entgegenstehen, sein Vermögen durch Verjagung und nötigenfalls durch Tötung derselben schützen". Der E I erweiterte dann das Verteidigungsrecht gegen die Tiere zu einer Verteidigung gegen gefahrdrohende Sachen überhaupt.

30) Die Motive I. S. 352, lassen die Frage absichtlich unentschieden.

nur gegen Menschen, aber auch gegen die Angriffe jedes Menschen, auch gegen die des Kindes und des Wahnsinnigen geübt werden kann.

Hingegen bleibt uns bei unserer obigen Auslegung noch übrig, eine Antwort auf die Frage zu geben: welcher Art sind denn die rechtmässigen Angriffe, welche das Notwehrrecht ausschliessen? Dahin gehört vor allem, wie schon öfters betont, der in rechter Notwehr geschehene Angriff selbst: demgemäss ist also Notwehr nicht zulässig gegen eine sich als Gegenangriff darstellende Ausübung der Notwehr; ferner nicht gegen die berechtigte Ausübung des Züchtigungsrechts seitens der Eltern, Vormünder, Lehrer u. s. w., gegen die rechtmässige Selbsthilfe (insbes. gegen die vom Partikularrecht gestattete Privatpfändung); gegen die dem Einzelnen durch § 127 der Str. P. O. gestattete Festnahme des auf frischer That ertappten Verbrechers; vor allem aber nicht gegen den in rechtmässiger Ausübung obrigkeitlicher Gewalt erfolgenden Eingriff in unsere Rechtssphäre durch die hierzu berechtigten Beamten. Hingegen findet sie sehr wohl auch gegen letztere statt, soweit ihre Handlungen nicht mehr innerhalb der Grenze ihrer Machtbefugnisse liegen. Schwierigkeiten bereitet in dieser Beziehung diejenige Gruppe von Amtshandlungen, die zwar vom zuständigen Beamten und auch formell richtig vorgenommen werden, bei denen aber die materiellen Voraussetzungen, von denen das Gesetz die Rechtmässigkeit der Handlung abhängig gemacht hat, in concreto nicht vorliegen. Würde man hier dem Angegriffenen die Notwehr gänzlich versagen[31]), so würde dies eine unwürdige Niederlage des Rechtes bedeuten und eine durch nichts gerechtfertigte Bevorzugung des Unrechts sein, und noch dazu zu Gunsten von Personen, denen der Schutz der Rechtsordnung in erster Linie anvertraut ist. Auf der anderen Seite würde die schrankenlose Zulassung der Notwehr gegen jede materiell gesetzwidrige Handlung der Obrigkeit[32]) allerdings die Gefahr in sich bergen, dass eine erfolgreiche

---

[31]) Das will das Reichsgericht thun, indem es bei Anlass solcher Fälle ganz allgemein die Behauptung aufgestellt hat, „dass, wenn die Eigenmacht eines Privaten sich gegen eine Anordnung der Obrigkeit richtet, von einer Notwehr solchen Anordnungen gegenüber nicht die Rede sein kann". (Entsch. des 2. Strafsenats vom 27./II. 1894 Bd. 25 S. 152; vgl. auch Bd. 22 S. 300).

[32]) Diese Forderung erhebt z. B. Levita, a. a. O. S. 192 ff.

Thätigkeit der letzteren vielfach zufolge eines, oft vielleicht irrtümlich angenommenen, Rechtes zur Gegenwehr durch die Privatpersonen lahmgelegt und das Ansehen der Behörden schwer geschädigt wird. Den richtigen Weg für die nicht leichte Behandlung dieser Fälle hat u. E. Binding in seinem Handbuche (S. 742) gewiesen, indem er sie zu scheiden sucht in

a) solche Fälle, wo das Recht oder die Pflicht zur Vornahme der Amtshandlung gesetzlich abhängig gemacht ist, nicht sowohl von der Existenz bestimmter Voraussetzungen, als von ihrer Annahme seitens des Beamten auf Grund pflichtmässiger Prüfung;

und b) in solche, wo die Rechtmässigkeit einer Massregel gesetzlich durch bestimmte Thatsachen, nicht schon durch deren Annahme bedingt ist;

und indem er demgemäss für jene das Notwehrrecht der Privaten schlechtweg ausschliesst; für letztere aber es allemal dann anerkennt, wenn die vom Gesetze geforderten Voraussetzungen im konkreten Falle thatsächlich nicht vorliegen, ohne Rücksicht darauf, ob der handelnde Beamte ihr Nichtvorhandensein aus Irrtum oder aus Absicht ignoriert. Darum darf ich mich z. B. nicht zur Wehr setzen, wenn ich von der Polizei auf Grund des § 127 der Str. P. O. verhaftet werde, weil sie mich auf der frischen That des Mordes zu ergreifen glaubt, während ich thatsächlich meinen Gegner in rechter Notwehr erschlagen, also überhaupt nicht delinquiert habe. — Hingegen steht mir allerdings das Recht der Notwehr zu, wenn der Gerichtsvollzieher in meiner Wohnung unpfändbare Gegenstände der Pfändung unterwerfen will. —

Eine letzte Voraussetzung für die Entstehung des Notwehrrechtes ist endlich:

3. die Erforderlichkeit der Verteidigung (§ 227 Abs. 2), d. h. der Umstand, dass zur Abwendung des gegenwärtigen, rechtswidrigen Angriffs überhaupt eine Verteidigungshandlung notwendig ist, die Integrität unserer Rechtsgüterwelt auf eine andere Weise nicht gewahrt werden kann[83]). Damit soll indessen keineswegs eine Subsidiarität der Notwehr statuiert sein und der Bedrohte in erster Linie etwa auf ein Anrufen der Obrigkeit oder gar die Ergreifung

[83]) Erst durch dieses Erfordernis rechtfertigt sich auch de lege lata die oben allgemein geforderte Subsumption der Notwehr unter den Begriff eines Notstandes im weiteren Sinne.

der Flucht verwiesen werden[34]): ich würde auf diese Weise den rechtswidrigen Angriff nicht „abwenden", sondern höchstens das Attentat auf mein Leben, meinen Körper etc. in einen Angriff auf meine Freiheit verwandeln, indem ich mich durch den Angreifer, bezw. durch dessen sich als Drohung darstellenden Angriffswillen zu einer bestimmten Handlung nötigen liesse. Nun ist aber auch die Freiheit, wie wir gesehen haben, ein wehrhaftes Rechtsgut. Darum schliesst weder die Möglichkeit der Flucht, noch die Gelegenheit, die Obrigkeit um Hilfe anzurufen, das Recht der Notwehr aus[35]). Wohl aber cessiert letzteres dann, wenn eine Verteidigung deshalb nicht erforderlich wird, weil die Obrigkeit schon von selbst in ausreichender Weise eingegriffen oder der Angreifer sich freiwillig zur Flucht gewendet hat. —

Mit dem „gegenwärtigen rechtswidrigen Angriffe", dem „wehrhaften Rechtsgute" und der „Erforderlichkeit der Verteidigung" ist aber auch der Kreis der Voraussetzungen, von denen de lege lata das Recht zur Notwehr abhängig gemacht worden ist, erschöpft. Insbesondere ist also nicht Voraussetzung desselben:

1. dass der Angriff ein unverschuldeter war. Deshalb darf der auctor rixae dem auctor pugnae gegenüber Notwehr üben[36]);

---

[34]) In der Strafrechtswissenschaft ist dieser Punkt sehr bestritten. Vgl. Olshausen, Kommentar zum Str. G. B. § 53, Nr. 2.

[35]) Immerhin mag darauf aufmerksam gemacht werden, dass es Fälle geben kann, wo einem Angriff gegenüber ein „sich zur Wehr-Setzen" als chikanöse Rechtsausübung erscheinen muss. Wenn ich z. B. an meinem Fenster stehe und einen mir drohenden Angriff einfach dadurch abwenden könnte, dass ich die Laden schliesse, anstatt dieses zu thun aber, um die Freiheit meines Thuns und Lassens zu wahren, den Angreifer totschiesse, so würde der Richter bei Beurteilung dieser Handlung zweifellos § 226 des B. G. B. anzuwenden haben. Man denke ferner vor allem an die Fälle, wo es sich um objektiv rechtswidrige Angriffe oder vielleicht gar um solche Unzurechnungsfähiger handelt. — Im übrigen muss aber u. E. dem Einzelnen die Verteidigung seiner Bewegungsfreiheit als solchen vollauf zugestanden werden, ohne Rücksicht darauf, ob durch ihre Preisgabe im Einzelfalle andere Rechtsgüter mit verletzt werden oder nicht. Darum ist es zu eng, wenn das Reichsgericht meint (Rechtsprechung in Strafs. Bd. 9 S. 471), die Möglichkeit der Flucht schliesse dann das Notwehrrecht nicht aus, wenn „diese unehrenhaft oder mit Verlust von Vermögensgütern verbunden wäre". Vgl. auch Entsch. in Strafs. Bd. 16 S. 71.

[36]) So auch die im Strafrecht herrschende Meinung. Vgl. auch R. G. Rechtspr. in Strafsachen Bd. 6 S. 676 ff.

2. dass der in Notwehr Befindliche sich dieser Situation bewusst ist oder in concreto die Absicht hat, sein Notwehrrecht auszuüben. Sondern es genügt, dass die Erfordernisse desselben objektiv betrachtet vorliegen. In der Strafrechtswissenschaft ist dieser Punkt sehr bestritten [37]). Binding z. B. meint in seinem Handbuche (S. 750), das Notwehrrecht würde zwar nicht dadurch beeinträchtigt, dass der Berechtigte widerrechtlich zu handeln glaubt, weil die Voraussetzungen der Notwehr ihm zu fehlen scheinen; verlangt aber doch als Voraussetzung des Notwehrrechtes bei dem Ausübenden „das Bewusstsein von der Notlage und den Willen, das gefährdete Rechtsgut durch Eigenmacht zu retten." Für die Kriminalisten ist dieser subjektive Gesichtspunkt bei Beurteilung einer Handlung ja sehr naheliegend. Das Privatrecht kann aber, wenn es Rechte verteilt, die Befugnis zu ihrer Ausübung unmöglich von dem Bewusstsein des Einzelnen abhängig machen, dass er sie besitzt. Es muss also das Recht der Selbstverteidigung u. E. auch den Unzurechnungsfähigen und auch den Kindern zuerkannt werden [38]).

III. Der Inhalt des Notwehrrechtes besteht in dem Rechte auf die durch Notwehr gebotene Handlung. Setzen wir hierfür die Legaldefinition des § 227 Abs. 2 ein, so ergiebt sich, dass die Notwehr zu derjenigen Verteidigung berechtigt, welche erforderlich ist, um einen gegenwärtigen rechtswidrigen Angriff von sich oder einem Anderen abzuwenden; m. a. W. sie legalisiert diejenigen Eingriffe in die Rechtssphäre des Angreifenden, die zur Erhaltung des angegriffenen Rechtsgutes notwendig sind. Hieraus folgt:

1. Das in concreto angewandte Mittel muss überhaupt im stande sein, den Angriff abzuwehren und dadurch das bedrohte Rechtsgut zu retten. In dem oben S. 80 mitgeteilten Falle hatte der angegriffene X die Besitzstörung, die darin bestand, dass die Frau

---

[37]) S. Olshausen, Kommentar § 59 Nr. 246.

[38]) Das ist nicht etwa bedeutungslos, wie man vielleicht im Anschlusse an das, was wir oben über das Notwehrrecht juristischer Personen gesagt haben, annehmen könnte. Zwar ist richtig, dass widerrechtliche Handlungen von Wahnsinnigen und Kindern eo ipso frei sind von allen civilen und kriminellen Folgen und insoweit der Berufung auf Notwehr gar nicht bedürfen. Immerhin kann die Thatsache, dass die Handlung eines Wahnsinnigen sich darstellt als die Ausübung eines Notwehrrechtes, von Bedeutung werden einmal bei Verwendung des § 829 des B. G. B. und dann besonders für den Ausschluss der Notwehr gegen eine solche Notwehrhandlung.

sich unbefugter Weise in dem ihm gehörigen Stalle niederliess, dadurch abzuwenden gesucht, dass er den Stall vernagelte, mithin die Frau erst recht in demselben zu verweilen, also in der Besitzstörung zu verharren nötigte. Das Reichsgericht hat darum mit Recht diese Handlung als Ausübung eines Notwehrrechtes nicht gelten lassen. —

2. Nur der durch die Notwehrlage gebotene Eingriff in die Rechtsgüterwelt des Anderen ist als rechtmässige Handlung zu betrachten, d. h. das Minimum von Energie, das genügt, um den Angriff zurückzuschlagen, stellt auch das Maximum der aus dem Notwehrrechte fliessenden Befugnisse dar. Wo ich also ein der Art oder dem Masse nach geringeres Mittel zur Hand habe, bin ich nicht berechtigt, sofort das nach der einen oder anderen Seite schwerere Mittel anzuwenden. Kann ich mir also z. B. dadurch helfen, dass ich dem Angreifer eine Körperverletzung zufüge, so darf ich mich nicht direkt gegen sein Leben wenden[39]); genügt es zu meiner Rettung, dass ich ihn fessele oder auf Zeit seiner Freiheit beraube, so darf ich ihn nicht ohne weiteres verwunden; und die Möglichkeit endlich, den rechtswidrigen Angriff abzuwehren durch einen Eingriff in sein Vermögen, schliesst mein Recht aus, jene höherwertigen Güter des Angreifenden zu verletzen.

Hingegen kann ich mich, wenn nötig prinzipiell gegen jedes Rechtsgut desselben und zwar eventuell auch durch ein angriffsweises Vorgehen wenden[40]). Insbesondere wird vom Gesetzbuche nicht verlangt, dass das verletzte Rechtsgut zu dem angegriffenen in irgend einem Wertverhältnisse stehen müsse. Mit Bezug auf § 53 des Str. G. B. ist dieser Punkt nicht unbestritten gewesen[41]). Für das Recht des

---

[39]) Die Grenze wird hier allerdings oft flüssig sein.

[40]) Ebenso für das bisherige Recht: Reichsgericht, Entsch. in Strafs. Bd. 16 S. 69; Rechtspr. Bd. 6 S. 576.

[41]) Vgl. z. B. Otto, Aphorismen zu dem Allgem. Teil des Str. G. B. für das deutsche Reich (Leipzig 1873) Nr. 6; v. Buri im Gerichtssaal, Bd. XXX S. 461. Auch das Reichsgericht, Entsch. in Strafs. Bd. 23 S. 117 versucht, das Erfordernis einer gewissen Proportionalität in den § 53 hineinzuinterpretieren. Ähnlich das Oberlandesgericht zu Dresden in seinen Annalen Bd. 6 S. 1. — In gewissem Umfange ist es aufgestellt worden vom E eines schweizer. Str. G. B., indem hier der Artikel 15 lautet: „Wer einen rechtswidrigen Angriff in einer den Umständen angemessenen Weise von sich oder einem Andern abwehrt, übt das Recht der Notwehr aus“. Vgl. dazu Tobler, a. a. O. S. 81 ff.

B. G. B. aber ist das argumentum e contrario zufolge §§ 228 und 904 durchaus zwingend. Ich darf also im Notfalle auch zu Gunsten des kleinsten Vermögensstückes das Leben des Angreifers preisgeben[42]. —

3) Da die Notwehr Selbstverteidigung gegen den Angreifer ist, so darf ich mich zum Zwecke der Abwehr auch nur gegen die Rechtsgüterwelt dieses einen Menschen wenden Der in Anlass der Notwehr geschehene Eingriff in die Rechtssphäre dritter, an der fraglichen Situation unbeteiligter Personen, wird durch den § 227 in keiner Weise gedeckt und ist eine rechtmässige Handlung höchstens insoweit, als im konkreten Falle die unten näher zu besprechenden Voraussetzungen des Notstandsrechtes gegeben sind[43]. Hiernach dürfte ich wohl eine Latte vom Zaune des Nachbarn brechen, um damit mein Leben gegen den Angriff des X zu verteidigen, oder die fremden Waffen, die dieser mit sich führt, ihm aus der Hand schlagen, also eventuell beschädigen oder zerstören. Aber schon die, wenn auch noch so belanglose Einwirkung auf den Körper oder die Freiheit eines Dritten würde sich, auch wenn sie

[42]) Dies erscheint de lege ferenda Vielen sehr bedenklich. Und in der That, es mag Fälle geben, wo es dem Gerechtigkeitsgefühl widerstreitet, eine Notwehrhandlung noch als Rechtsausübung anzusehen. Auch hier wird eventuell § 226 aushelfen müssen.

[43]) Für das bisherige Recht sehr bestritten. Die Motive I. S. 349 lassen die Frage unentschieden „weil sie nur geringe praktische Bedeutung hat". Sehr oberflächlich wird sie von Endemann, a. a. O. S. 368 dahin abgethan: „Wird ein dritter Unbeteiligter durch die Notwehrhandlung geschädigt, so ist dieser Eingriff widerrechtlich". — Binding, a. a. O. S. 750 Anm. 68 meint zwar ebenso, wie wir, dass hier Notwehr- und Notstandslage konkurrieren, behauptet aber: „die Notstandsverletzung wird insofern statthaft, als sie zur Notwehr erforderlich ist", was wir in dieser Allgemeinheit nicht für richtig halten. Das Reichsgericht hat sich bei Gelegenheit eines strenggenommen gar nicht hierher gehörigen Falles (Entsch. in Strafs. Bd. 21 S. 171) ebenfalls in diesem weiten Sinne geäussert. Auf demselben Standpunkte stehen auch Schneider und Fick in ihrem Kommentare zum Schweizer. Obligationenrecht Art. 56. Ähnlich wie die hier im Text vertretene Ansicht: Olshausen, Kommentar zum R. Str. G. B. § 53 Nr. 12 al. 2; Oppenhoff, Kommentar § 53 Nr. 11; von Liszt, Lehrbuch (7. Aufl.) S. 125; von Thur, a. a. O. S. 4; Geyer in Holtzendorffs Rechtslexikon s. v. „Notwehr" Bd. II S. 904; und von den Civilisten neuerdings Planck, Kommentar zum B. G. B. § 227 Nr. 2. Vgl. zu der ganzen Frage Tobler, a. a. O. S. 117 ff. und van Calker, in der Zeitschrift für die gesamte Strafrechtswissenschaft Bd. 12 S. 443 ff.

zur Abwehr des gegenwärtigen Angriffs notwendig wäre, nicht mehr als eine rechtmässige Handlung darstellen[44]. —

Soweit eine Verteidigungshandlung über die ihr hier gezogenen Grenzen hinausgeht, ist sie nicht mehr als Ausübung des Notwehrrechtes zu betrachten; stellt vielmehr einen Exzess der Notwehr dar[45]. Bei der Beurteilung desselben kommen die allgemeinen Grundsätze über die rechtliche Natur und die rechtlichen Wirkungen einer Handlung in Betracht. Sehr bestritten aber ist in der strafrechtlichen Litteratur, ob die Erforderlichkeit einer Verteidigungshandlung nach Mass und Umfang von dem subjektiven Standpunkte des Angegriffenen aus oder nach rein objektiven Gesichtspunkten beurteilt werden soll[46]. Binding vertritt auch hier den subjektiven Standpunkt und meint, der Gesetzgeber betrachte die Verteidigung insoweit als eine erforderliche „als der Angegriffene bei Schätzung der Gefahr den überlegten Mann nicht verleugnet habe“. „Das Mass der Notwehr bestimmt sich, sofern der Angegriffene die Grösse der objektiven Gefahr unterschätzt hat, nach der objektiven Grösse, sofern er sie dagegen überschätzen durfte, nach seiner berechtigten

---

[44]) Ob sie trotz ihrer Rechtswidrigkeit wenigstens straflos bleibt, hängt davon ab, ob sie geschieht zur Rettung von Leib und Leben aus einem unverschuldeten Notstande (§ 54 Str. G. B.). Diese Frage gehört in das Strafrecht und ist hier nicht weiter zu erörtern. — Interessant sind vor allem diejenigen Fälle, wo ich durch eine und dieselbe Handlung erstens mein Recht der Notwehr ausübe und zweitens gleichzeitig die Rechtssphäre eines Dritten verletze. Ich kann z. B. meinen Gegner nicht niederschiessen, ohne zugleich einen Dritten zu treffen. Schiesse ich trotzdem (u. z. vorsätzlich oder fahrlässig) und treffe auch den letzteren, und geschah die Verteidigungshandlung vielleicht nur zur Wahrung eines Vermögensstückes, so werde ich bestraft, da die Verletzung des Dritten hier nicht durch § 54 des Str. G. B. gedeckt ist. Hier versagt also die Wahrheit des Satzes: qui suo jure utitur, neminem laedit. Vielmehr wird in einem solchen Falle mein Notwehrrecht vollkommen illusorisch, ein nudum jus ohne jede praktische Bedeutung, was, lediglich vom Standpunkte der Billigkeit aus betrachtet, auch gewiss nicht zu tadeln ist. — Nicht zu verwechseln mit diesen Fällen, wo Notwehr und Notstand miteinander konkurrieren, ist die aberratio ictus in Notwehr, die, namentlich was die Frage der Fahrlässigkeit angeht, nach allgemeinen Grundsätzen zu beurteilen ist. Von ihr handelt z. B. fr. 45 § 4 ad. leg. Aquil. 9, 2. Sie fällt weder unter die Notwehr noch unter den Notstand. Vgl. hierüber Tobler, a. a. O. S. 102 ff.

[45]) Gegen ihn kann der Angreifer seinerseits Notwehr üben.

[46]) Vgl. Olshausen zu § 53 Nr. 11 al. 2.

Schätzung"[47]). Wir müssen indessen auch hier vom Boden des B. G. B. aus diese spezifisch strafrechtliche Auffassung ablehnen, weil es u. E. für das Civilrecht nicht angängig ist, die Begrenzung rechtlicher Befugnisse, namentlich solcher, welche tief in die Rechtssphären Anderer einschneiden, dem subjektiven, hunderterlei Fehlern und Schwankungen unterworfenen Ermessen des Berechtigten zu überlassen. Wir meinen also, dass die über das Mass objektiver Gefahr, wenn auch nicht über das Mass der gerechten Würdigung dieser Gefahr, gespannte Verteidigung keineswegs mehr vom § 227 gedeckt wird, dass gegen sie vielmehr, falls die übrigen Voraussetzungen vorhanden sind, wiederum Notwehr zuzulassen ist. —

Wir haben schon des öfteren erwähnt, dass das Notwehrrecht nicht nur zur Verteidigung der eigenen Rechtsgüterwelt, sondern zu Gunsten eines jeden Rechtssubjektes ausgeübt werden kann. Es kann also auch zu Gunsten von juristischen Personen, mithin auch zu Gunsten des Staates, soweit er Subjekt von Vermögensrechten ist, geltend gemacht werden. Hingegen kann das Gehorsamsrecht des Staates als ein der Verteidigung durch Private fähiges Rechtsgut nicht betrachtet werden[48]). Aus dem § 227 des B. G. B. darf also für den Einzelnen durchaus nicht ein allgemeines Recht der Verbrechenshinderung gefolgert werden[49]). —

---

[47]) Konsequent müsste Binding auch im ersten Falle den Inhalt des Notwehrrechtes der subjektiven Auffassung des Angegriffenen entsprechend einschränken.

[48]) Ist für den Einzelnen die Ehre des Staates (bez. sein Nationalgefühl) ein wehrhaftes Rechtsgut?

[49]) Sogen. Notwehrjustiz; vgl. Pernice, Labeo II. S. 80. — Ein solches Recht, das sich nicht mehr ad singulorum utilitatem, sondern ad rei publicae statum beziehen würde, zu begründen, dürfte auch gar nicht in der Kompetenz des Privatrechts liegen. Es ist aber auch im § 53 des Str. G. B. nicht enthalten gewesen. Ebenso Binding, a. a. O. S. 737; Meyer, Lehrbuch (5. Aufl.) S. 276 Anm. 9. Dennoch möchte ersterer „eventuell" eine Notwehr gegen feindliche Spione (Str. G. B. § 90 No. 5) oder gegen Verräter von Staatsgeheimnissen (Str. G. B. § 92 No. 1) für möglich halten; sie aber jedenfalls zulassen gegen die Frau, die ihre eigene Frucht abtreiben will (§ 218 des Str. G. B.) und gegen denjenigen, der einen Anderen, wenn auch Einwilligenden behufs Untauglichmachung zur Wehrpflicht verstümmelt (Str. G. B. § 142). In den beiden ersten Fällen ist u. E. Notwehr ganz unmöglich (man könnte hier doch auch höchstens bildlich von einem „Angriffe" auf den Staat reden); im dritten Falle kommt es darauf an, ob man die Leibesfrucht bereits als ein im Verhältnis zur Mutter selbständiges Wesen auffasst, als einen „Anderen" im Sinne des § 227,

IV. Die Wirkungen des Notwehrrechtes. — Die in echter Notwehr vorgenommene Handlung erscheint auf den ersten Blick juristisch wirkungslos. Da sie eine rechtmässige Handlung ist, hat sie selbstverständlich keine Strafe zur Folge [50]). Sie verpflichtet aber auch nicht zum Schadensersatze [51]). Das ist zwar aus dem Charakter der Rechtmässigkeit an sich noch nicht zu folgern, da das B. G. B., wie oben schon einmal erwähnt und wie sich noch des weiteren zeigen wird, mitunter auch an die rechtmässige Handlung eine Ersatzpflicht knüpft. Wohl aber folgt es sowohl aus dem absichtlichen Schweigen des Gesetzes: da nämlich § 823 nur die nicht-rechtmässige Verletzung der Rechtssphäre eines Anderen mit der Verpflichtung zum Schadensersatze belegt (s. o. Kap. 1, S. 11), die Notwehrhandlung aber eben gerade rechtmässig ist, so müsste, falls jener gewollt wäre, eine besondere Bestimmung hierfür getroffen sein, wie sie z. B. in § 904 vorgesehen ist; das argumentum e contrario ist hier durchaus zwingend; — als auch aus inneren Gründen: denn mit der Ersatzfreiheit der Notwehrhandlung wird nur einem selbstverständlichen Gebote der Gerechtigkeit Genüge geleistet [52]).

---

der schon eine eigene Existenz zu verlieren hat. U. E. dürfte dies nicht angängig sein, da der Satz nasciturus pro jam nato habetur auch für das B. G. B. nur eine singuläre Ausnahme von dem Prinzipe darstellt, dass die Rechtsfähigkeit des Menschen erst mit der Geburt beginnt (§ 1 des B. G. B.), eine Ausnahme, die über die Fälle besonderer Anerkennung hinaus (B. G. B. §§ 844 a. E., 1912, 1918 Abs. 2, 1923) einer analogen Ausdehnung unfähig ist Was schliesslich den Fall der Verstümmelung des Einwilligenden angeht, so handelt es sich hier ja allerdings um den Eingriff in die Rechtssphäre eines „Anderen" und zwar auch um einen rechtswidrigen, nämlich durch ein absolutes Verbotsgesetz (§ 142 des R. Str. G. B.) untersagten Eingriff. Stellt aber die hier fragliche Handlung wirklich einen „Angriff" dar im Sinne des § 227? „Greife" ich in dem hier allein in Frage kommenden technischen Sinne jemanden „an", der mir die Einwirkung auf seinen Körper zuvor gestattet hat? Wir glauben doch wohl nein! und meinen deshalb, dass auch hier mangels der Voraussetzung des Angriffs die Ausübung des Notwehrrechtes ausgeschlossen ist.

[50]) Es cessieren ihr gegenüber insbesondere die §§ 211, 212, 223, 239, 240, 303; in gewissem Umfange auch § 113 des Str. G. B.

[51]) So auch schon für das bisherige Recht: Reichsgericht, Entscheid. in Civilsachen, Bd. 21 S. 295. Vgl. auch Gruchots Beiträge etc., Bd. XXXV S. 944 (Beilageheft No. 60); und Planck, Kommentar § 227 No. 3.

[52]) Die von den Motiven I. S. 348 herangezogene Frage nach der Bedeutung der Notwehr bei der Kontraktserfüllung würde für den von ihnen erwähnten Fall (jemand verwendet eine verkaufte, aber noch in seinem Besitze be-

Der Klage aus § 823 Abs. 1 kann also der Einwand entgegengestellt werden, dass der Schaden dem Kläger in echter Notwehr zugefügt worden sei. Die Behauptung der Notwehr ist dann als echte Einrede anzusehen, indem durch sie eine Thatsache geltend gemacht wird, die zwar die Wahrheit des Klagegrundes — die vorsätzliche Schadenszufügung[53]) — unangetastet lässt, aber dennoch die Kondemnation aus demselben auszuschliessen strebt. Deshalb ist die Beweislast dahin zu regeln, dass nicht der Kläger das Nicht-Vorhandensein der Notwehr, sondern der Beklagte vielmehr ihr Vorhandensein dem Richter zu beweisen hat[54]). Ferner darf der Richter, auch wenn er ihre Voraussetzungen längst schon erkannt haben sollte, nur dann und nur soweit auf sie Rücksicht nehmen, als der Beklagte sich auf sie beruft; gemäss dem Grundsatze: judicet judex secundum allegata et probata partium, non secundum suam conscientiam. Darum kann es leicht geschehen, dass der Civilrichter, weil der Beklagte dies eben nicht gethan hat, oder weil er vielleicht den Beweis der Notwehr nicht erbringen konnte, zum Ersatz des durch eine Rechtsgüterverletzung zugefügten Schadens verurteilt, während der Strafrichter, der die Voraussetzungen der Notwehr ex officio zu prüfen

findliche Sache zur Abwehr eines rechtswidrigen Angriffs des Käufers mit dem Erfolge, dass dieselbe vernichtet wird), dahin zu beantworten sein, dass es sich hier nicht um einen „von dem Schuldner zu vertretenden Umstand" handelt (§ 285 des B. G. B.), dass mithin der Verkäufer nicht in Verzug kommt, resp. die Unmöglichkeit der Leistung ihn nicht zum Schadensersatze verpflichtet. § 280 Abs. 1. des B. G. B.

[53]) Nach dem, was wir oben über die unbewusste Ausübung des Notwehrrechtes gesagt haben, kann der Einwand der Notwehr eventuell auch einer fahrlässigen Schadenszufügung gegenüber geltend gemacht werden.

[54]) Ebenso das Reichsgericht: Entsch. in Civils., Bd. 33, S. 352 (Seufferts Archiv, Bd. L No. 88); und ähnlich auch die bei Seuffert, Bd. XXXII No. 85 abgedruckte Entscheidung des Berliner Obertribunals vom Jahre 1875. Ungenau ist es aber, wenn das R. G. meint, durch die Notwehr würde „das Verschulden des Thäters ausgeschlossen". Das ist in keiner Weise der Fall. Vielmehr trifft der civilistische Begriff der Schuld: „Voraussicht des schädlichen Erfolges" auch für die Rechtsverletzung in Notwehr in vollem Umfange zu. Nicht deshalb, weil „kein Verschulden" von seiner Seite vorliegt, sondern weil er ein Recht ausgeübt hat, ist die Kondemnation des Beklagten in unserem Falle ausgeschlossen. Unzutreffend auch Endemann, a. a. O. S. 369: „Gegen die civilrechtliche Forderung auf Schadensersatz steht also dem im Zustande der Notwehr Handelnden die Einrede des eigenen schuldhaften Verhaltens zu".

hat, in demselben Falle von der Anklage des Totschlags, der Körperverletzung, der Sachbeschädigung u. s. w. freispricht[55]. —

Fraglich könnte erscheinen, ob nicht wenigstens bei verschuldeter Notwehr derjenige, der von seinem Recht der Selbstverteidigung Gebrauch gemacht hat, gehalten sein sollte, den dadurch angerichteten Schaden zu ersetzen. Aber auch hier zwingt uns das argumentum e contrario aus § 228 Satz 2 zu einer verneinenden Antwort[56].

Hingegen würde allerdings jemand, der absichtlich eine Notwehrlage provoziert, um dabei fremdes Rechtsgut straflos verletzen zu können, aus § 826 haftbar werden[57].

Ferner ist die Notwehrhandlung nur insoweit ersatzfrei, als sie wirklich in vollem Umfange durch den § 227 gedeckt ist. Tritt eine Rechtsverletzung nur mit der Prätention auf, in Notwehr geschehen zu sein, ohne dass dies in Wirklichkeit der Fall gewesen ist, sei es nun, dass die Voraussetzungen derselben nicht gegeben waren, oder dass das erforderliche Mass nicht innegehalten worden ist, so greifen die allgemeinen Grundsätze über unerlaubte Handlungen Platz[58]. Auch für die Frage, inwieweit hier etwa ein Irrtum des Handelnden in Betracht zu kommen hat, ist die Antwort den §§ 823 Abs. 1 und 276 Abs. 1 S. 2 zu entnehmen. War der Irrtum entschuldbar, kann mithin die Rechtsverletzung als eine fahrlässige nicht angesehen werden, so ist die Klage zurückzuweisen[59]. Die Bestimmung des § 231, wonach derjenige, der eigenmächtig zur Selbsthilfe greift in der irrigen Annahme, dass die für den Ausschluss der Widerrechtlichkeit erforderlichen Voraussetzungen vorhanden seien, dem anderen Teile

---

[55] Vgl. die in Anm. 54 citierte Entscheidung des Reichsgerichts.

[56] Näheres hierüber siehe im folgenden Paragraphen unter IV.

[57] Den Beweis der Absichtlichkeit hätte hinwiederum der Kläger zu führen.

[58] Ebenso die Motive I. S. 349, Endemann, a. a. O S. 368; Planck, a. a. O. § 227 Nr. 4. So war auch schon im röm. Recht der Schaden zu ersetzen, der durch Anwendung unnötiger Gewalt zugefügt wurde: fr. 5 pr., fr. 45 § 4, fr. 52 § 1 ad leg. Aquil. 9, 2. Vgl. auch Österr. Bürgerl. Gesetzb. § 19 und dazu Unger, Österr. Privatr. II. S. 345.

[59] Auch hier ist es denkbar, dass der Civilrichter die Entschuldbarkeit verneint, mithin auf Grund des § 823 Abs. 1 verurteilt, während der Strafrichter die Voraussetzungen des § 59 des Str. G .B. oder des § 53 Abs. 3 für gegeben erachtet und freispricht (Reichsgericht, Entsch. in Civils. Bd. 21 S. 295). Auch das umgekehrte Resultat würde bei der Verschiedenheit der beiderlei Prozesse nicht ausgeschlossen, aber freilich wenig erfreulich sein.

zum Schadensersatze verpflichtet sein soll, auch wenn der Irrtum nicht auf Fahrlässigkeit beruht, ist im Sinne des Gesetzbuches offenbar als eine Singularität aufzufassen, deren analoge Ausdehnung auf die Fälle des § 227, und, wie hier gleich vorausgeschickt werden mag, auch auf die der §§ 228, 904 unzulässig ist[60]). —

Eine weitere Frage wäre dahin aufzuwerfen: kann derjenige, der gegen den rechtswidrigen Angriff erfolgreich von seinem Rechte der Notwehr Gebrauch gemacht hat, noch ausserdem einen hierbei erlittenen Schaden — ich verletze mir z. B., indem ich dem Diebe die Waffe aus der Hand schlage, die Finger oder stürze, indem ich ihn verfolge, die Treppe hinunter und breche ein Bein — von dem Angreifer ersetzt verlangen? Auch hier ist auf die allgemeinen Vorschriften über den ausserkontraktlichen Schadensersatz zurückzugreifen: ich werde also in unseren Fällen Ersatz nur dann beanspruchen können, wenn der betreffende Schaden von dem Angreifer vorsätzlich oder fahrlässig verursacht worden ist, wenn dieser also die in concreto eingetretene Verletzung vorausgesehen hat oder hätte voraussehen müssen. Dass er die Möglichkeit einer solchen generell hätte erkennen können, genügt noch nicht, ihn ersatzpflichtig zu machen, ebensowenig wie allein der Umstand, dass sie aus Anlass einer lediglich durch ihn verursachten Thätigkeit entstanden ist[61]).

Wie ist es ferner zu halten in dem Falle, dass ich zwar die Möglichkeit hatte, eine Rechtsverletzung durch Notwehr abzuwenden, dies aber aus irgend einem Grunde unterlassen habe? Kann mir hier derjenige, von dem ich die Verletzung erfahren habe, wenn ich ihn hinterher auf Grund des § 823 auf Schadensersatz verklage, die Einrede der unterlassenen Notwehr entgegenhalten[62])? Es wäre ja

[60]) So auch die Protokolle zur 2. Lesung, 36. Sitzung S. 487. Ob es nicht de lege ferenda richtiger gewesen wäre, die Vorschrift des § 231 auch auf die letztgenannten Paragraphen auszudehnen, mag dahingestellt bleiben. Die Materialien zum 3. Abschnitte des E eines Einführ.-Ges. lassen aber selbst seine analoge Anwendung auf das der Selbsthilfe nahe verwandte, vom Landesrecht geregelte Institut der Privatpfändung nicht zu.

[61]) Selbstverständlich aber muss der Angreifer, auch wenn sein Angriff schliesslich erfolgreich zurückgeschlagen wird, den Schaden, den er positiv schon — vorsätzlich oder fahrlässig — angerichtet hatte, ersetzen; und es kann nicht etwa der Dieb den erbrochenen Schlössern oder dem beschädigten Geldschranke gegenüber das Loch im Kopfe, das er durch Ausübung meines Notwehrrechtes davongetragen hat, zur Kompensation stellen.

[62]) Vgl. für das gemeine Recht v. Tuhr, a. a. O. § 20.

denkbar, dass er durch die Ausübung meines Notwehrrechtes nur einen geringfügigen Eingriff in seine Rechtssphäre erfahren hätte, während er jetzt vielleicht Ersatzleistungen in ausserordentlicher Höhe prästieren muss. Es ist wohl klar, dass bei einer vorsätzlichen Schadenszufügung ein derartiger Einwand a limine zurückzuweisen ist. Hingegen scheint er prima facie gerechtfertigt zu sein für die Fälle, wo die Schadenszufügung fahrlässig, die Unterlassung der Notwehr aber vorsätzlich geschieht[63]). Allein nach dem Recht des B. G. B. könnte auch dann einer derartigen Einrede nicht stattgegeben werden, da dasselbe eine exceptio doli generalis in dem gemeinrechtlichen Sinne nicht kennt, dieselbe vielmehr nur für die Fälle des § 226 und für die Interpretation von Rechtsgeschäften in den §§ 133, 157 anerkannt hat[64]). Letzterer Gesichtspunkt steht hier nicht in Frage, und was den ersteren angeht, so wird man wohl schwerlich jemandem, der nach unterlassener Gegenwehr auf Ersatz erlittenen Schadens klagt, eine „chikanöse Rechtsausübung“ vorwerfen können, die nur den Zweck hat, einem Anderen Schaden zuzufügen[65]). Eher möglich würde es sein, dass derjenige, der absichtlich die Notwehr nicht ausgeübt hat, um dem Anderen einen bedeutenden Eingriff in seine Rechtsspäre zu ersparen, den durch den erduldeten Angriff erlittenen Schaden auch ohne die Voraussetzungen des § 823 Abs. 1 nach dem Gesichtspunkte der negotiorum gestio von dem Angreifer ersetzt verlangen kann[66]). —

Was endlich für solche Fälle, wo der Bedrohte mit demjenigen, der das Notwehrrecht ausübt, nicht identisch ist, also für den Fall

---

[63]) War erstere weder vorsätzlich noch fahrlässig geschehen, so kann von einer Klage aus § 823 Abs. 1 überhaupt nicht die Rede sein.

[64]) Vgl. Rümelin, Die Gründe der Schadenszurechnung u. s. w. S. 97, und Eck, Vortrag über den allgemeinen Teil des B. G. B. (in der Guttentagschen Sammlung, Heft 1) S. 49 f.

[65]) Hingegen kann der Richter eine auf Grund des § 829 angestrengte Schadensklage sehr wohl deshalb abweisen, weil der Kläger von dem ihm zustehenden Rechte der Notwehr keinen Gebrauch gemacht hat und darum eine Haftung des Unzurechnungsfähigen „der Billigkeit“ nicht entsprechen würde.

[66]) Z. B. wenn die Verletzung geschehen wäre durch einen nur objektiv rechtswidrigen Angriff, durch ein Kind, einen Wahnsinnigen, und die Voraussetzungen des § 829 nicht gegeben sind. Hier würde also § 823 nicht helfen und nur die Auffassung der unterlassenen Notwehr als einer „negativen Aufwendung“ zu Gunsten des Schädigenden eventuell einen Ersatzanspruch des Verletzten ermöglichen (§ 683 des B. G. B.). Vgl. v. Tuhr, a. a. O. S. 54 Anm. 3.

der Nothilfe das Verhältnis dieser beiden Personen zu einander angeht, so haben auch hier die soeben erwähnten Vorschriften über die „auftragslose Geschäftsführung" Platz zu greifen. Hiernach ist insbesondere zu beurteilen, inwieweit der Nothelfer für einen bei Gelegenheit der Nothilfe erlittenen Schaden Ersatz beanspruchen kann. Nach dem B. G. B. ist er hier insofern sehr schlecht gestellt, als zufolge § 683 der negotiorum gestor nur Anspruch auf Ersatz seiner „Aufwendungen" hat. Er würde also wohl positive Auslagen, die er infolge der Nothilfe machen muss, Reparaturkosten für erlittene Sachbeschädigung, Kurkosten für empfangene Körperverletzungen u. s. w. einklagen können. Hingegen hat er weder eine Forderung auf etwaige Schmerzensgelder, noch eine solche auf Belohnung für geleistete Dienste[67]). —

Hiermit dürften die hauptsächlichsten Wirkungen der Notwehr wohl erörtert sein[68]). Zum Schlusse des Paragraphen mag noch die Frage berührt werden, inwieweit künftig etwaige landesrechtliche Bestimmungen, welche die Erstattung einer Anzeige über Verwundungen oder Tötungen bei Ausübung der Notwehr unter Androhung von Strafe vorschreiben, neben dem § 227 des B. G. B. noch auf Geltung Anspruch erheben können[69]). Der Punkt ist schon beim Erlasse des Reichs-Strafgesetzbuchs vielfach zur Sprache

[67]) Die Praxis müsste denn zu einer ganz ungeheuerlichen Ausdehnung des Begriffes der „Aufwendung" gelangen, was weder zu rechtfertigen wäre, noch zu erwarten steht. Und doch ist ein gesetzlicher Anspruch des Nothelfers nicht nur sittlich gerechtfertigt, sondern auch im Interesse der Allgemeinheit dringend zu wünschen, denn: si elle (sc. la loi) donne action au gérant, c'est afin qu'il se trouve un ami qui veuille gérer l'affaire d'un absent. Laurent, Principes de droit civil français XX. Nr. 324 S. 354 (Citat aus Kohler, Die Menschenhilfe im Privatrecht in Iherings Jahrb. Bd. 25). — Im geltenden Rechte finden sich gesetzliche Lohnansprüche z. B. H. G. B. Art. 523 Abs. 4; 524 Abs. 2, 742, Seemannsordnung § 49 Abs. 2, § 51 Abs. 2. Im übrigen ist aber auch die bisherige Gesetzgebung dem Lohnanspruch gegen eine gerettete Person nicht sehr günstig gewesen. Vgl. zu der ganzen Frage bes. Kohler, a. a. O. S. 129—141.

[68]) Über die Verletzung des Notwehrrechts als solchen s. o. Kap. 1, Anm. 105.

[69]) Solche Strafbestimmungen für unterlassene Anzeige haben z. B. das Bayrische Strafgesetzbuch von 1813, Art. 136; das Württembergische von 1839, § 105; das Braunschweigische von 1840, § 168 und das Hannöversche von 1840, Art. 81. Die Preussischen Entwürfe enthielten ähnliche Anforderungen, welche aber weder in das Preussische noch in das Deutsche Strafgesetzbuch aufgenommen worden sind.

gebracht und von verschiedenen Seiten verschieden beantwortet worden[70]).

U. E. können jene Gesetze nur eine doppelte Bedeutung haben:

entweder wollen sie eine prozessuale Beweisregel aufstellen, nach welcher nur diejenige That als in Notwehr erfolgt angesehen werden soll, die in vorgeschriebener Weise, sozusagen „verklart" worden ist[71]). Dann würden sie durch die Prozess-Ordnungen von 1877 aufgehoben worden sein, die das Prinzip der freien Beweiswürdigung haben;

oder aber sie wollen ein selbständiges Polizeidelikt schaffen, indem sie jeden in Notwehr Handelnden zu einer Anzeige seiner That verpflichten, damit nicht überflüssige Nachforschungen angestellt werden und vielleicht Unschuldige in falschen Verdacht geraten. Soweit sie diesen Inhalt haben, steht der fortgesetzten Geltung jener Gesetze auch nach Inkrafttreten des B. G. B. nichts im Wege[72]). —

§ 2. Der Notstand im engeren Sinne.

I. Das B. G. B. beschäftigt sich mit dem Notstande[1]) einmal im § 228, welcher besagt, dass derjenige nicht widerrechtlich handelt, der eine fremde Sache beschädigt oder zerstört, um eine durch sie drohende Gefahr von sich oder einem Anderen abzuwenden, „wenn die Beschädigung oder die Zerstörung zur Abwendung der Gefahr erforderlich ist und der Schaden nicht ausser Verhältnis zu der Gefahr steht;" und zweitens im § 904, welcher lautet: „Der Eigentümer einer Sache ist nicht berechtigt, die Einwirkung eines Anderen auf die Sache zu verbieten, wenn die Einwirkung zur Abwendung einer gegenwärtigen Gefahr notwendig und der drohende Schaden gegenüber dem aus der Einwirkung entstehenden Schaden unverhältnismässig gross ist. Der Eigentümer kann Ersatz des ihm entstehenden Schadens verlangen".

---

[70]) Vgl. Olshausen, § 53 Nr. 2.

[71]) So sagt das Bayr. Gesetzbuch: „Wer in Notwehr einen Anderen verwundet oder getötet hat, ist schuldig, den Vorfall der nächsten Obrigkeit schleunigst anzuzeigen. Wer dieses unterlässt, oder gar den Vorfall zu verheimlichen trachtet, hat, wenngleich nachher der gefährliche Angriff des Anderen erwiesen worden, dennoch die Vermutung überschrittener Notwehr wider sich".

[72]) Ebenso, mit Bezug auf § 53 des Str. G. B. Berner; anderer Meinung Hugo Meyer in ihren Lehrbüchern des deutschen Strafrechts.

[1]) Das Wort Notstand selbst, wenigstens in seiner technischen Bedeutung, wird vom B. G. B. nicht gebraucht. Vgl. o. Kap. 1. Anm. 49.

Auch hier werden wir, wenn anders die Befugnisse, die das Gesetzbuch gewährt, für den im Notstand Befindlichen nicht illusorisch bleiben sollen, davon ausgehen müssen, dass der Gesetzgeber gegen die sich innerhalb der Grenzen der beiden citierten Paragraphen haltenden Eingriffe in die Rechtssphäre eines Anderen die Notwehr hat ausschliessen wollen [2]). Dann müssen wir aber, da wir gesehen haben, dass nur das Recht zu einem Angriff auf die Güterwelt eines Anderen die Befugnis zur Notwehr auf der Gegenseite nicht auslöst, auch hier das „nicht widerrechtlich" des § 228 mit rechtmässig übersetzen und sowohl in ihm, wie in § 904 die Statuierung eines Notstandsrechtes anerkennen [3]). Und weiter ist auch hier zu sagen, dass dieses Recht durchaus nicht nur dem Gefährdeten selbst, sondern vielmehr jedermann zusteht, der sich — rein objektiv betrachtet — einer Notstandslage gegenüber befindet [4]).

Ich habe also in Zukunft nicht nur ein Recht darauf, einen mich anfallenden tollen Hund unschädlich zu machen oder eine auf mich oder auf meine Güterwelt einstürmende Maschine zu zerstören, sondern ich darf unter Umständen auch in die Rechte eines an der Situation gänzlich unbeteiligten Dritten eingreifen: ich darf vom Nachbar Brot wegnehmen, um mich vom Hungertode zu retten; ich darf mein Pferd, wenn es stürzt und sich verwundet, eventuell mit fremder Leinwand verbinden; ja ich darf sogar, auch wenn eine mir gänzlich unbekannte Person von einer Gefahr bedroht wird, zu deren Gunsten verletzend in das Eigentum meiner Mitmenschen eingreifen: z. B. eine fremde Wiese oder ein fremdes Saatfeld betreten, wenn

---

[2]) Dass Notwehr gegen den Notstandsberechtigten ausgeschlossen sein soll, wird übrigens auch von den Materialien bezeugt: Motive I. S. 349; Denkschrift S. 58.

[3]) Der § 904 zwingt uns überhaupt von selbst zu dieser Auslegung. Wir haben schon öfters hervorgehoben, dass das subjektive Recht des Einzelnen nur vor der rechtmässigen Handlung eines Dritten zurückweicht. Nun wird hier der Eigentümer einer Sache für nicht berechtigt erklärt, die Einwirkung eines Anderen auf die Sache zu verbieten. Mithin muss diese Einwirkung ihrerseits sich als eine rechtmässige, d. h. als der Ausfluss eines subjektiven Rechtes darstellen.

[4]) Dies ist in § 228 ausdrücklich anerkannt: „von sich oder einem Anderen abzuwenden"; aber auch aus § 904 muss es zufolge der unpersönlichen Fassung des Gesetzes gefolgert werden. Es gilt also hier analog alles das, was oben § 1 unter I. über die Zuständigkeit des Notwehrrechtes gesagt worden ist.

dies nötig ist, um ein Kind vom Tode des Ertrinkens zu erretten. Damit ist thatsächlich die Relativität der subjektiven Rechte im Prinzipe anerkannt. Dem geltenden Rechte gegenüber bedeutet das eine wichtige Neuerung und zweifellos einen grossen Fortschritt. Es liegt darin, wenn auch nicht eine schöpferische (wie Endemann, a. a. O. 1. Aufl. S. 97 meint), so doch sicher eine reformatorische That unseres Bürgerlichen Gesetzbuchs: denn in der Sache selbst kehren wir hier, wie im zweiten Kapitel gezeigt worden ist, nur zu Anschauungen zurück, mit denen die ältesten Quellen unseres vaterländischen Rechtes bereits vertraut gewesen sind [5]. —

II. Das Notstandsrecht des Bürgerlichen Gesetzbuchs ist somit das Recht des Einzelnen, unter gewissen Voraussetzungen in die Güterwelt eines Anderen einzugreifen.

Diese Voraussetzungen sind:

1. eine gegenwärtig drohende Gefahr. Was eine „Gefahr" in diesem Sinne ist, lässt sich juristisch ebenso schwer definieren, wie der Angriff bei der Notwehr. Jedenfalls dürfte es zu eng sein, wenn wir für diesen Begriff weiter keine Merkmale aufstellen wollten, als die Wahrscheinlichkeit eines Ereignisses und den schädlichen Charakter desselben [6]. Vielmehr muss für die §§ 228 und 904 noch hinzukommen, dass das drohende Übel ein bedeutendes ist, ein solches, dessen Eintritt für den Betroffenen eine Notlage begründen würde, und das ihn darum jedes nur denkbare Mittel zu seiner Abwendung ergreifen heisst. Sie würde z. B. an sich noch nicht vorliegen in dem vom Reichsgericht Bd. V. S. 161 abgeurteilten und oben S. 66 Anm. 88 mitgeteilten Falle, wenn es sich für den Kapitän, dessen Anker in das Telegraphenkabel verwickelt war, um weiter nichts als ein verspätetes Eintreffen seines Schiffes handelte [7]; und ebenso haben wir es mit keiner „Gefahr" zu thun in dem von Merkel (a. a. O. S. 7) gebrauchten Beispiele, dass eine Taube sich auf dem Saatfelde meines Nachbarn niedergelassen hat, und ich würde

---

[5]) S. o. Seite 47 f.

[6]) So z. B. von Roland, Die Gefahr im Strafrecht (Dorpat und Leipzig 1888), S. 1.

[7]) Nach künftigem bürgerlichen Rechte dürfte sich darum das Durchhauen des Kabels nicht unter allen Umständen als eine berechtigte Handlung darstellen. Anders z. B. nach sächs. Recht. Hier ist gemäss § 183 des S. B. G. B. ein Notstandsrecht auch dann schon gegeben, wenn fremde Sachen den Gebrauch der eigenen hindern. — Siehe oben S. 68.

darum nicht rechtmässig handeln, wollte ich das Tier, etwa um der Körner willen, die es mit fortnimmt, niederschiessen[8]). —

Hingegen ist es gleichgültig für den Begriff der Gefahr, welches Rechtsgut durch sie bedroht wird. Ebenso, wie bei der Notwehr prinzipiell alle Güter als wehrhafte anzusehen waren, müssen auch für den Notstand alle Rechtsgüter, die überhaupt „gefährdet" werden können: also Leben, Körper, Gesundheit, Freiheit, Ehre und besonders auch das Vermögen als schutzfähig gelten. Das muss auch hier der weiten Fassung der §§ 228 und 904 entnommen werden. Ich würde also, falls ich durch einen Zufall in ein fremdes Zimmer eingesperrt worden wäre, das Recht haben, mich eventuell durch Zerbrechen der Fensterscheiben aus der unfreiwilligen Haft zu befreien, auch wenn mit der Freiheitsberaubung irgend welche andere Gefahren, sei es nun für das Leben oder die Gesundheit oder das Vermögen in concreto nicht verbunden wären[9]). Ferner würde ich, falls ich ungerechtfertigter Weise in den Verdacht eines schweren Diebstahls geraten wäre, zur Wahrung meiner Ehre einen fremden Koffer erbrechen dürfen, wenn sich gerade dieses Mittel für diesen Zweck erforderlich erwiese. Und ich würde schliesslich auch befugt sein, zur Rettung eines wertvollen Tieres, das sonst zu verenden droht, mir die Medikamente im Notfalle aus dem Hause eines abwesenden Nachbarn zu holen; oder wenn infolge plötzlich eingetretenen Schneefalls die Gefahr besteht, dass meine auf dem Felde befindliche Krauternte zu Grunde geht, der dahin führende öffentliche Weg aber nicht passierbar ist, über das Grundstück dritter Personen zu fahren[10]). —

---

[8]) Ganz abgesehen von dem Missverhältnisse zwischen drohendem und angerichteten Schaden und der Frage, ob dieses Mittel in concreto erforderlich sein würde. Übrigens bleiben, wie nebenbei bemerkt werden mag, die landesgesetzlichen Vorschriften über das Recht zur Aneignung der einem Anderen gehörenden im Freien betroffenen Tauben auch nach dem 1. Jan. 1900 laut Einf. Ges. Art. 130 in Kraft; ebenso nach Art. 69 etwaige über den Notstand hinausreichende Befugnisse der Jagdberechtigten, bestimmte auf ihren Grundstücken sich aufhaltende Tiere zu töten. Vgl. hierüber Bauer, Das in Deutschland geltende Recht revierende Hunde und Katzen zu töten, 2. Aufl., Neudamm 1897.

[9]) Natürlich muss aber die Freiheitsentziehung, wenn sie als solche schon eine „Gefahr" darstellen soll, immerhin von einiger Dauer sein. Nur, um vielleicht nicht eine halbe Stunde gegen meinen Willen in einem bestimmten Raume bleiben zu müssen, darf ich noch nicht in das Eigentum eines Anderen eingreifen.

[10]) Sammlung von Entsch. des obersten Landesgerichts für Bayern in Gegenständen des Civilrechts und Civilprozesses Bd. 9 (1883) S 415. Auch der bloss

Fraglich könnte mit Bezug auf das Notstandsrecht zu Gunsten eines Vermögensinteresses sein, ob eine Gefahr im Sinne der §§ 228, 904 nur durch ein drohendes damnum emergens, oder nicht vielleicht auch schon durch die Aussicht auf ein lucrum cessans begründet werden kann. Wir tragen kein Bedenken, da sich eine Beschränkung in dieser Hinsicht aus den Worten des Gesetzes nicht ergiebt, die Frage in bejahendem Sinne zu entscheiden. Nur glauben wir, dass dort, wo der Einzelne ein Recht bekommen soll, eventuell auch lucri faciendi causa in die Rechtssphäre eines Anderen einzugreifen, der in Rede stehende Gewinn für die betreffende Person schon ein sehr bedeutender, in gewisser Beziehung für ihre Existenz und ihre Zukunft wesentlicher sein muss, wenn sein Verlust den Begriff der Gefahr erfüllen soll. Traf dies z. B. in dem erwähnten, vom Reichsgericht abgeurteilten Falle zu, hatte etwa der Kapitän von einer auch nur minimalen Verspätung des Schiffes einen enormen Ausfall an Gewinn für sich oder seinen Rheder oder einen beliebigen Dritten zu erwarten, so würden wir das Durchhauen jener Telegraphendrähte auch vom Boden des B. G. B. aus für rechtmässig erklären [11]. —

Gleichgiltig ist für den Begriff der Gefahr auch die Quelle derselben. Diese kann ein Tier, eine leblose Sache oder eine Naturkraft sein [12]. Die Gefahr kann auch begründet werden durch den

obligatorische Anspruch auf das Erträgnis einer Jagd ist als ein Vermögensinteresse anzusehen, das unter Umständen durch Vernichtung fremden Vermögens z. B. eines revierenden Hundes geschützt werden darf. Seufferts' Archiv, Bd. XLII Nr. 295.

[11]) Endemann, a. a O. S. 380 Anm. 16 sagt bei Erörterung des Begriffs der Gefahr: „Man wird daran festhalten müssen, dass es sich immer nur um die Gefahr von Rechtsgütern handelt. Damit erledigen sich die Zweifel: „genügt als „Gefahr“ auch z. B., dass man den Eisenbahnzug versäumen würde, so dass ich dem Fremden meinen Wagen überlassen muss, in dem ich spazieren fahre?“ Wir meinen, wenn durch das Versäumen des Eisenbahnzuges eine Gefahr im Sinne der §§ 228, 904 begründet würde, so muss auch letzteres selbst als solche angesehen werden. Hängt z. B. von dem pünktlichen Eintreffen an einem bestimmten Orte die Rettung eines Menschenlebens ab, oder der Erwerb eines ganzen Vermögens, so kann das Versäumen eines Eisenbahnzuges sehr wohl ein Notstandsrecht begründen. Ob ich darum, wenn gerade auf einer Spazierfahrt begriffen, meinen Wagen dem Berechtigten ohne weiteres hingeben muss, ist eine andere nicht hier zu entscheidende Frage. Vgl. u. S. 110 Anm. 34.

[12]) Nicht recht verständlich ist uns, was Hölder meint, wenn er Archiv für civil. Praxis Bd. 73 S. 152 bei Besprechung des § 187 E I sagt: „Es geht zu weit, die Befugnis solcher Abwehr jeder durch eine fremde Sache drohenden

rechtswidrigen Angriff eines Menschen. Dann steht mir, wie oben schon hervorgehoben worden ist, gegen diesen selbst das Recht der Notwehr, gegen alle übrigen aber nur das Recht des Notstandes zu [13]. --

Das Erfordernis der Gefahr lässt sich nicht ohne weiteres durch eine Rechtspflicht zum Handeln ersetzen. Vielmehr muss prinzipiell auch zu letzterer noch erstere hinzutreten, falls ein Recht zum Eingriff in die Güterwelt eines Anderen begründet werden soll. Indessen wird sie hier wohl in den meisten Fällen entweder thatsächlich vorliegen (so nach Str. G. B. § 139) oder in ihrem Vorhandensein wenigstens nicht der Beurteilung des Handelnden selbst unterliegen (so nach Str. G. B. § 360 Nr. 10) [14]. Immerhin ist es denkbar, dass ich zwar die Pflicht habe, jemanden von einem gegen ihn geschmiedeten Mordplan zu benachrichtigen, dass die Gefahr, um die es sich in concreto handelt, aber wenigstens noch nicht eine „gegenwärtig drohende" ist. Dann dürfte ich z. B. nicht, falls ich einen öffentlichen Weg ungangbar fände, nur um nicht einen Umweg machen zu müssen, schon auf Grund der mir obliegenden Rechtspflicht über die Wiese des Nachbarn laufen [15].

Schädigung zu statuieren. Auch hier ist vielmehr die Aufstellung eines Erfordernisses unerlässlich, das der für die Notwehr bestehenden Bedingung der Rechtswidrigkeit analog ist. Als ein solches bietet sich das im einzelnen Falle vom Richter nach freiem Ermessen zu würdigende Erfordernis eines vitium oder eines fehlerhaften Zustandes der fremden Sache dar." —

[13]) Vgl. o. S. 89.

[14]) Vgl. Seufferts Archiv Bd. XLIII Nr. 190.

[15]) Wir sprechen hier immer nur von den Notrechten, welche dem Privaten gegenüber den Privaten zustehen. Inwieweit in den Fällen der Gefahr der Beamte kraft öffentl. Rechts weitergehende, die hier gezogenen Grenzen überschreitende Befugnisse zu Eingriffen in fremde Rechtssphären hat, gehört nicht hierher. — Was im übrigen diejenige Rechtspflicht zum Handeln angeht, die durch den Befehl eines Vorgesetzten begründet wird, so ist zu scheiden: war der Befehl zum Eingriff in die fremde Güterwelt zu Recht erteilt, so ist natürlich auch die Handlung des Untergebenen als eine rechtmässige anzusehen; war er aber zu Unrecht gegeben, so wird die Verletzung fremden Eigentums nur insoweit berechtigt, als für sie in concreto die Voraussetzungen des Notstandsrechts gegeben sind. Im übrigen bleibt sie rechtswidrig und es fragt sich nur, inwieweit der Untergebene selbst, sei es, weil er in gutem Glauben oder zu unbedingtem Gehorsam verpflichtet war, für seine Person von allen civilen und kriminellen Folgen frei zu bleiben hat. Vgl. Dernburg, Preuss.

Es genügt nämlich nach den Worten des Gesetzes nicht zur Begründung des Notrechtes, dass überhaupt eine Gefahr vorliegt, sondern diese muss ausserdem noch, wie erwähnt, eine gegenwärtig drohende sein[16]). Sie muss also einen derartigen Grad von Wahrscheinlichkeit erlangt haben, dass ihre Verwirklichung, der Eintritt des drohenden Übels in continenti zu befürchten steht: mithin darf letzteres weder erst in weiter Ferne zu erwarten stehen, noch bereits eingetreten sein. Ich darf also nicht einen Hund, der mich bereits gebissen hat und nun die Flucht ergreift, lediglich um ihn zu züchtigen, verfolgen und ihn prügeln oder gar durch einen ihm nachgesandten Steinwurf töten[17]). Im übrigen ist die Frage, wo im einzelnen Falle die „drohende Gefahr" aufhört und der eingetretene Schaden beginnt, ebenso wie die Gegenwärtigkeit des rechtswidrigen Angriffs bei der Notwehr, nach rein thatsächlichen Gesichtspunkten zu beurteilen. Selbstverständlich schliesst auch ein perfekt gewordenes Übel den Begriff der Gefahr dann nicht aus, wenn die Wiederholung oder Fortsetzung der Schadenszufügung in casu zu erwarten steht.

2. Eine zweite Voraussetzung des Rechtes, im Notstande in fremdes Eigentum einzugreifen, ist die Erforderlichkeit gerade dieser Rechtsverletzung d. h. die Thatsache, dass das gefährdete Rechtsgut nur durch sie und auf keine andere Weise gerettet werden kann. Solange ich also eine Gefahr durch eigene Mittel abzuwenden im stande bin (und zwar ohne dass ihr Gebrauch ihrerseits eine neue Gefahr für mich bedeutet) habe ich nicht das Recht, mich dazu fremder Gegenstände zu bedienen; kann ich zur Abwehr eines rechtswidrigen Angriffs von meinem eigenen Zaune eine Latte ab-

---

Privatrecht S. 252; §§ 45—49 A. L. R. I, 6. — Verbindliche rechtswidrige Befehle sind auf dem Gebiet des modernen Rechts nur im Militär- und Seerecht zu finden. Binding, Handb. § 155. Siehe auch v. Tuhr, a. a. O. S. 37.

[16]) Der § 228 spricht allerdings nur von einer drohenden Gefahr, ohne das Moment der Gegenwärtigkeit zu erwähnen. Es muss aber auch hier als selbstverständlich vorausgesetzt werden, weil eben die in Frage stehenden Notrechte alle nur für den Fall des periculum in mora gegeben sind. Ausserdem wird eine Gefahr, wenn sie erst in weiter Ferne droht, wohl in den meisten Fällen auf andere Weise, als durch Beschädigung oder Zerstörung einer fremden Sache abgewendet werden können. Ebenso Jung, a. a. O. S. 23 Anm. 61; Planck, a. a. O. § 228 Nr 1b; a. M. scheinen Fischer-Hänle zu sein: § 228 Anm. 4.

[17]) Annalen des Oberlandesgerichts zu Dresden Bd. 9 S. 407.

brechen, darf ich sie nicht dem Staket des Nachbarn entnehmen. Ferner darf ich auch nicht ein auf mich eindringendes Tier niederschiessen, wenn ich seinem Angriffe durch die Flucht entgehen oder mich auf eine andere Weise gegen dasselbe schützen kann[18]). Vom Boden des B. G. B. aus betrachtet dürfte darum auch jenes Hinstreuen von vergiftetem Weizen, ein Mittel, das in dem vom Berliner Obertribunal Bd. XVIII S. 261 abgeurteilten Falle ein Bauer anwendete, um das über sein Grundstück laufende Federvieh des Nachbarn unschädlich zu machen, kaum mehr als Ausübung des Notstandsrechtes zu betrachten sein: denn es ist wohl anzunehmen, dass er seinen Zweck auch auf andere Weise hätte erreichen können[19]).

3. Endlich wird eine Handlung von dem Notrechte nur insoweit gedeckt, als die dem Andern zugefügte Rechtsverletzung nicht ausser Verhältnis zu dem durch die Gefahr drohenden Rechtsgüterverluste steht. Nach künftigem Rechte würde darum die in fr. 3 § 7 de incend. 47, 9 und fr. 7 § 4 quod vi aut clam 43, 24 geschilderte Handlung — das Niederreissen eines Nachbarhauses, um das Feuer vom eigenen abzuhalten — sich nur dann als eine rechtmässige darstellen, wenn dieses im Vergleich zu jenem einen besonders hohen Wert repräsentierte[20]).

---

[18]) Man könnte hier mit Rücksicht auf das bei der Notwehr Gesagte entgegnen: Durch die Flucht verwandele ich auch hier nur den Angriff des Tieres auf mein Leben oder meinen Körper in einen solchen auf meine Freiheit, indem ich mich zu einer bestimmten Handlung nötigen lasse. Gewiss! Aber da tritt eben der Unterschied zwischen dem dort geforderten Requisit des „Angriffs“ und der hier geforderten Voraussetzung der „Gefahr“ zu Tage. Ein Angriff auf meine Freiheit ist eben nicht unter allen Umständen eine Gefahr; weder in der volkstümlichen Bedeutung des Wortes, noch im Sinne der §§ 228, 904. Etwas eigentümlich ist es, wenn Endemann, a. a. O. S. 374 auch Tieren und Sachen gegenüber von „feiger“ Flucht redet.

[19]) Ganz abgesehen davon, ob hier überhaupt eine Gefahr vorlag und ob Rechtsverletzung und Rechtsgefährdung in richtigem Verhältnis zu einander standen, was natürlich quästio facti ist. — Nicht nach den Regeln des Notstandes, sondern nach denen der Notwehr würde der Fall zu beurteilen sein, wenn die Rechtsgefährdung, welche die Hühner verursachten, in casu einen Angriff des Eigentümers derselben auf das benachbarte Grundstück bedeutete.

[20]) Auch hier sind die §§ 228 und 904 nicht ganz gleichlautend. Dort wird verlangt, „dass der Schaden nicht ausser Verhältnis zu der Gefahr steht“, hier, „dass der drohende Schaden, gegenüber dem aus der Einwirkung dem Eigentümer

Da wir sogleich sehen werden, dass der Notstand nur ein Recht giebt zu Eingriffen in das Vermögen eines Anderen, so werden wir sagen können, dass ein Notrecht immer anzuerkennen ist, wenn es sich um die Abwendung einer Lebensgefahr handelt. Denn das Leben wird sich immer nach dem Prinzipe der Güterverwertung als das bei weitem höhere Rechtsgut darstellen. Dasselbe müsste in abstracto auch von der Gesundheit, der Freiheit und der Ehre gelten[21]. Da indessen bei der Frage nach der Proportionalität der Rechtsgüter auf den Wert der sich im einzelnen concreten Falle gegenüberstehenden Interessen zu rücksichtigen ist[22], so dürfte es zweifelhaft erscheinen, ob ich unter allen Umständen, auch um mir vielleicht nur einen gelinden, körperlichen Schmerz zu ersparen, einem Anderen einen beträchtlichen Schaden an seinem Eigentume zufügen darf. Und ebenso verhält es sich mit der Freiheit und der Ehre, insbesondere auch mit der Geschlechtsehre des Weibes. Der echten Frau gilt sie ja viel mehr noch als das Leben. Aber für die Dirne hat sie z. B. gar keinen Wert. Soll auch diese, wenn sie sich einmal in einem einzelnen Falle aus Laune nicht preisgeben will, zur Abwehr einer etwaigen Vergewaltigung das Recht haben, einem Dritten einen vielleicht bedeutenden Vermögensschaden beizubringen?

Aber auch wenn Vermögenswerte gegen Vermögenswerte abzuwägen sind, wird der Massstab für die Beurteilung des Verhältnisses, in dem die kollidierenden Interessen zu einander stehen, Schwierigkeiten bereiten können. Selbstverständlich kann es hier immer nur auf den wirklichen realen, und nicht auch auf den Affektionswert ankommen, den vielleicht einzelne Sachen bestimmter Gründe halber für eine Person haben können[22a]. Eine Frau darf mir die

---

entstehenden Schaden unverhältnismässig gross ist". In der Sache selbst meinen offenbar beide Paragraphen dasselbe. A. M. Planck, a. a. O. § 228 Nr. 6. Der E I § 187 kannte übrigens das hier in Frage stehende Erfordernis nicht.

[21]) Vgl. die von Schaper in Holtzendorffs Handbuch des deutschen Strafrechts aufgestellte Skala: Leben — Gesundheit — Freiheit — Ehre — Vermögen; und Planck a. a. O. Nr. 16.

[22]) Hierüber herrschte auch schon vor Emanation des B. G. B. bei denjenigen Schriftstellern, die überhaupt den Gesichtspunkt der Güterabwägung in die Lehre vom Notstand hineingetragen haben, Einstimmigkeit. Vgl. Stammler, a. a. O. S. 77; Moriaud, a. a. O. S. 307; Binding, a. a. O. S. 767; v. Buri, a. a. O. S. 449 ff.; und vor allem Merkel, a. a. O. S. 75 ff.

[22a]) A. M. Planck, a. a. O.

Wegnahme eines Stückchens Leinwand, das ich brauche, um mein gestürztes Pferd zu verbinden, nicht deshalb verbieten, weil letztere ein Überbleibsel der Ausstattung ihrer Grossmutter ist; hingegen würde ich kein Recht haben, ihr zu demselben Zwecke etwa auch Brüsseler Spitzen zu entwenden. Ich darf eine Katze, die mir ein wertvolles Manuskript ruinieren will, totschlagen, auch wenn sie das teure Kleinod einer alten Dame ist, die den Verlust des Lieblingstieres nur schwer verwindet, ohne dass ich auch etwa berechtigt wäre, einen kostbaren Bernhardinerhund, der mir die Franzen meines Teppichs zu zerreissen sucht, niederzuschiessen, selbst wenn dieses Mittel zur Rettung meines Eigentumes notwendig wäre.

Ferner muss der Wertunterschied zwischen gerettetem und verletztem Rechtsgute ein immerhin beträchtlicher sein: ich darf nicht zur Erhaltung der meinigen eine nur um ein Minimum minderwertige Sache eines Anderen zerstören [23]). Im grossen und ganzen wird hier also zu sagen sein, dass es bei der Abschätzung der Verhältnismässigkeit im Sinne der §§ 228 und 904 darauf ankommt, „ob das in der Aufopferung eines fremden Interesses sich aussprechende Werturteil des Einzelnen vom Richter als nach Lage des Falles in Übereinstimmung mit dem gesellschaftlichen Werturteil stehend befunden und demgemäss bestätigt wird“ [24]). Hiermit ist schon ausgesprochen, dass dies Erfordernis sowohl, wie auch die übrigen Voraussetzungen des Notstandes ganz ebenso, wie bei der Notwehr, aus den dort besprochenen Gründen durchaus objektiv zu beurteilen sind, und dass bei der Beantwortung der Frage, ob eine Handlung durch das Notstandsrecht gedeckt ist oder nicht, auf die Auffassung des Handelnden selbst schlechterdings gar keine Rücksicht genommen werden darf. Habe ich also fälschlicherweise eine bedeutend wert-

[23]) v. Buri, a. a. O. S. 439 führt als Schulbeispiel den Fall an, dass dem A die Wegnahme zweier Pfennige angedroht wird, wenn er nicht dem B einen Pfennig wegnimmt. Hier ist der Quantitätsunterschied zwischen den beiden Rechtsgütern so gering, dass u. E. A, wenn er letzteres wirklich thut, sich nach dem B. G. B. nicht auf ein ihm zustehendes Notrecht berufen kann.

[24]) Merkel, a. a. O. S. 78. Natürlich kann hierbei auch einmal ein qualitativ höheres oder gleichartiges Rechtsgut durch die Quantität, also durch die Menge der ihm gegenüberstehenden, an sich minderwertigen Rechtsgüter aufgewogen werden.

vollere Sache für eine bedeutend minderwertige angesehen, so liegt meine Handlung ausserhalb der dem Notstande gezogenen Grenzen: sie bleibt rechtswidrig, unterliegt den hier in Betracht kommenden allgemeinen Grundsätzen und kann in ihren rechtlichen Folgen höchstens mit Rücksicht auf einen entschuldbaren Irrtum, der obgewaltet hat, gemildert werden.

Nicht ist Voraussetzung des Notstandsrechtes:

1. dass der Handelnde das Bewusstsein von der Notlage gehabt hat[25]). Darum kann sich auch derjenige auf dasselbe berufen, der, ohne zu wissen, dass seine Voraussetzungen im gegebenen Falle vorlagen, in die Rechtssphäre eines Anderen eingegriffen hat. Es muss also auch dem Unzurechnungsfähigen zu gute kommen[26]);

und 2. nicht, dass die Notlage eine unverschuldete war[27]). Darum darf ich ein mich anfallendes wildes Tier auch dann niederschiessen, wenn ich durch mein Necken selbst die Veranlassung zu dem Angriffe gegeben habe; oder mir das Wasser zum Löschen meiner brennenden Kleider auch dann durch Erbrechen der Thüre aus dem Nachbarhause holen, wenn das Feuer infolge meiner eigenen Unvorsichtigkeit entstanden ist[28]).

III. Der Inhalt des bisher in seinen Voraussetzungen geschilderten Notrechtes besteht nun darin, dass ich zur Abwendung einer Gefahr „eine Einwirkung auf eine fremde Sache vornehmen darf". Dieses farblose Blankett des § 904 wird durch eine extensive Interpretation des § 228 dahin auszufüllen sein, dass ich die fremde Sache beschädigen, zerstören, entwenden, gebrauchen, kurz alles mit ihr

---

[25]) Die Fassung des § 228: „Wer eine fremde Sache beschädigt oder zerstört, um eine durch sie drohende Gefahr von sich oder einem Anderen abzuwenden" scheint allerdings gegen unsere Ansicht zu sprechen. Die Analogie zu § 227 und die durchaus objektiv gehaltene Fassung des § 904 rechtfertigen aber wohl die obige Auslegung.

[26]) Vgl. o. S. 87 Anm. 38.

[27]) Protokolle zur 2. Lesung S. 503. Anders der E I. Er hatte in § 187 die Unverschuldetheit der Notlage als Erfordernis des Notstandsrechtes aufgestellt. Vgl. dazu Schilling, Aphorismen S. 60 f.; Hölder im Archiv für civilistische Praxis Bd. 73 S. 153; Reatz, die 2. Lesung des E. B. G. unter Gegenüberstellung der 1. Lesung S. 96.

[28]) Über die unterschiedliche Behandlung des verschuldeten und unverschuldeten Notstands in Ansehung der Verpflichtung zum Schadensersatze s. unten unter IV.

vornehmen darf, was zur Kehrung der Notlage erforderlich ist[29]). Ich habe also in Zukunft ein Recht darauf, wenn ich in kalter Winternacht mich in einem Walde verirrt habe und schliesslich an ein Haus komme, dessen Eigentümer mir den Eintritt verwehrt, mir die Unterkunft in demselben eigenmächtig zu erzwingen. Wenn ich auf der Landstrasse ein dem Tode nahes Kind finde, so darf ich aus dem nächsten Dorfe, dessen Bewohner vielleicht im Felde sind, eventuell nach Erbrechung einzelner Thüren und Schränke, Medikamente herbeischaffen, mittelst deren ich das Kind am Leben erhalte. Und der Eigentümer wird nicht mehr berechtigt sein, den in Gefahr des Ertrinkens Schwebenden, wenn er sich an seinem Kahne festhalten will, zurückzustossen; das Aufziehen seiner Schützen zu verhindern, wenn die Anlieger eines Flusses dadurch ihre Wiesen vor einer drohenden Überschwemmung bewahren wollen[30]); demjenigen, der über seine Wiese läuft, um Wasser zum Löschen eines Brandes zu holen, das Betreten derselben zu verbieten; oder mir, wenn ich meinen Fuss in sein Kornfeld setze, um meinen Hut zu holen, der dorthin geflogen ist und den ich bei dem Sonnenbrande nicht entbehren kann, den Eintritt in dasselbe zu untersagen[31]). Der absolute Charakter des Eigentums erfährt hier also eine wichtige Begrenzung in sozialem Sinne[32]).

Der Eingriff in die Rechtssphäre muss sich aber auf die Sachgüterwelt beschränken. Ich darf weder das Leben, noch den Körper, noch die Gesundheit, noch die Freiheit, noch die Ehre zur Abwendung der drohenden Gefahr angreifen oder verletzen[33]). Das

---

[29]) § 228 spricht nur von dem „Beschädigen oder Zerstören“ einer Sache. Das ist zu eng. Selbstverständlich darf ich ein Tier, das mich bedroht z. B. auch einsperren.

[30]) Seufferts Archiv Bd. 27 Nr. 202.

[31]) § 867 giebt mir nur einen Anspruch darauf, dass der Besitzer eines Grundstücks, wenn eine Sache aus meiner Gewalt dorthin gelangt ist, mir das Betreten desselben, zwecks Aufsuchung und Wegschaffung derselben gestattet: ein Recht, eigenmächtig dasselbe zu betreten, habe ich nur, wenn die Voraussetzungen des Notstandes gegeben sind, insbes. eine Gefahr im Sinne des § 904 vorhanden ist. Vgl. o. S. 22, Anm. 67.

[32]) Ganz treffend hat man hier von einer „privatrechtlichen Enteignung“ gesprochen.

[33]) Ich darf also, wenn ich einen rechtswidrigen Angriff nur dadurch abwenden kann, dass ich mit dem Angreifer zugleich auch einen Dritten niederschiesse, mein Notwehrrecht, wie oben schon hervorgehoben, nicht ausüben. Ferner

mag auf den ersten Blick etwas hart erscheinen, namentlich mit Hinsicht auf die Konsequenz, dass es auch zur Rettung des eigenen Lebens nicht gestattet sein soll, einem Anderen eine, wenn auch noch so geringfügige Körperverletzung beizubringen oder ihn, auch für noch so kurze Zeit, in seiner Bewegungsfreiheit zu hemmen[34]). Wenn man aber bedenkt, wie wenig wir es in unserer Hand haben, die Eingriffe in die Gesundheit eines Dritten auf sogenannte unbedeutende Verletzungen zu beschränken, wie leicht hier auch wider unseren Willen edle Organe in Mitleidenschaft gezogen werden können; wie oft eine Körperverletzung die Ursache fahrlässiger Tötung wird; wie unmöglich es hier in der Regel ist, einen angerichteten Schaden auch mit hohen Geldsummen wieder gut zu machen; wenn

---

stellt sich dem im Text Gesagten zufolge in dem viel besprochenen Falle der beiden Schiffbrüchigen die Handlung des einen, der zur Rettung des eigenen Lebens den anderen von der Planke, auf die sich beide gerettet hatten, hinunterstösst, nach dem B. G. B. keineswegs als eine rechtmässige dar. — Nicht zu verwechseln aber mit diesen Fällen, wo ich mein Leben auf Kosten eines andern Menschenlebens rette, sind jene, wo das andere Leben so und so bereits dem Untergange geweiht ist, und es sich nur fragt, ob das Meinige auch noch geopfert werden soll. So verhält es sich in dem Beispiele der beiden durch ein Seil miteinander verbundenen Bergsteiger, von denen der eine abzurutschen beginnt, worauf der andere, um nicht mit in den Abgrund gezogen zu werden, kurzer Hand das Seil durchhaut. Hier hat dieser jenen nur scheinbar getötet: in Wirklichkeit hat er überhaupt keine Bedingung zu dessen Untergange gesetzt.

[34]) Es stellt sich also der Eingriff in fremdes Vermögen immer nur insoweit als ein rechtmässiger dar, als er nicht gleichzeitig einen Angriff auf die Freiheit des Eigentümers bedeutet. Letzterer kann infolge meines Notstandsrechtes immer nur zu einem pati, nie zu einem facere genötigt werden. Darum würden künftig in dem von Merkel, a. a. O. S. 23 Anm. 1 mitgeteilten Falle (: bei einem Turnfest hatte sich ein Turner schwer verletzt, schnelle Hilfe that not; ein Arzt war nicht zur Stelle; die Genossen verlangten den Wagen des Wirts, um nach dem nächsten Orte zu fahren; der Wirt verweigert das Gefährt, weil die Pferde eben von einer weiten Fahrt zurückgekehrt sind:) die Turner wohl das Recht haben, sich selbständig des Wagens zu bemächtigen und die Pferde einzuspannen. Hingegen brauchte ich mir in dem von Endemann oben S. 102 Anm. 11 gebrachten Beispiel nicht gefallen zu lassen, dass jemand mich, der ich gerade auf einer Spazierfahrt begriffen bin, nötigt, aus meinem Wagen zu steigen und ihm denselben zu überlassen, damit er noch rechtzeitig den nächsten Eisenbahnzug erreicht; u. z. auch dann nicht, wenn mit dem Versäumen desselben eine Gefahr im Sinne des § 904 für ihn verbunden sein würde. Wohl aber hätte der Andere ein Recht darauf, wenn ich in derselben Richtung fahre, sich zu mir in den Wagen zu setzen.

man ferner bedenkt, zu welchen Unzuträglichkeiten im täglichen Leben es führen würde, wenn ich durch jeden in einem Notstande Befindlichen in meinem Thun und Lassen gestört und behindert werden dürfte, so wird man den Standpunkt des B. G. B.: die Beschränkung des Notrechtes auf Eingriffe in fremdes Eigentum, durchaus billigen müssen [35]). Hingegen dürfte es wohl zulässig sein, die spezifisch sachenrechtliche Fassung des Gesetzbuchs durch eine extensive Interpretation insoweit auszudehnen, dass in das Recht des § 904 auch solche Vermögensverletzungen einbezogen werden können, die ausnahmsweise nicht durch Einwirkung auf eine Sache vermittelt werden [36]).

Für die Ausübung des Notstandsrechtes gelten ebenso wie bei der Notwehr die Regeln, dass das in concreto gebrauchte Mittel:

1) überhaupt tauglich sein muss, die drohende Gefahr zu kehren. Ich darf also mein Notrecht nicht dazu benutzen, um ein Tier mit Verletzungen zu quälen, die gar nicht im stande sind, den Schaden, den es anzurichten trachtet, von meinem Eigentume abzuwenden;

---

[35]) Mithin wird sich auch nach dem B. G. B. weder bei der Zerstückelung des Kindes im Mutterleibe noch bei sonstigen operativen körperlichen Eingriffen der Arzt auf ein für diesen Fall bestehendes Notstandsrecht berufen können. Man wird darum auch künftig die Rechtmässigkeit dieser Handlungen mit Oppenheim („Das ärztliche Recht zu körperlichen Eingriffen", S. 17) auf ein zu Grunde liegendes Gewohnheitsrecht zurückzuführen haben.

[36]) Sachen im Sinne des B. G. B. sind nur körperliche Gegenstände (§ 90). Zufolge des Notrechtes muss es aber auch gestattet sein, eventuell auf eine Naturkraft einzuwirken (z. B. die Elektrizität), die sich ein Anderer dienstbar gemacht hat. Ja wir möchten noch eine weitere analoge Anwendung des § 904 befürworten. Man denke sich den Fall: A droht mir mit einem Angriffe auf mein Leben, wenn ich nicht den X bestimme, ihm, dem A ein Darlehn zu geben. Ich thue es, obwohl ich genau weiss, dass A ganz insolvent ist und X darum sein Geld niemals wiedersehen wird. Es würde hier nach dem oben Gesagten (Kap. 1. Text zu Anm. 26 u. 27) eine im Notstande begangene rechtlich freie Handlung in Frage stehen. Läge ein Notstand nicht vor, dann würde § 826 Platz greifen. Mit Rücksicht auf ihn wird man aber die vorsätzliche Schadenszufügung kaum als „gegen die guten Sitten" verstossend ansehen dürfen. Will man also dem X, was der Billigkeit doch sicher entspricht, einen Ersatzanspruch gegen mich verschaffen, so kann das nur mit Hilfe von § 904 geschehen, der, wie sogleich noch zu erörtern ist, eine Ersatzpflicht für den im Notstande zugefügten Schaden statuiert. Und selbst für den unwahrscheinlichen Fall, dass hier ein Richter den § 826 für anwendbar halten sollte, würde der § 904 für den X immer noch insofern von besonderem Vorteile sein, als die Ansprüche aus ihm nicht der kurzen Verjährung der §§ 823 ff. unterliegen. S. u. Seite 119.

und dass 2) die Eingriffe in fremdes Vermögen auch in dem Umfange, wie sie erfolgt sind, notwendig waren; m. a. W. auch beim Notstande stellt das Minimum dessen, was erforderlich ist, das Maximum der mir zustehenden Befugnisse dar. Genügt es zur Verhinderung eines drohenden Übels, dass ich eine fremde Sache beschädige, so darf ich sie nicht zerstören; kann ich ein Tier, das mir Gefahr bringt, verjagen, so darf ich es nicht töten; ist noch die Möglichkeit gegeben, es durch Einsperren unschädlich zu machen, darf ich es nicht niederschiessen.

Und ebenso wie bei der Notwehr ist auch hier die Gebotenheit des angewandten Mittels nicht darnach zu bestimmen, was der Handelnde im Augenblicke der Gefahr nach seinem subjektiven Ermessen für erforderlich hielt, sondern vielmehr hinterher vom Richter lediglich nach objektiven Gesichtspunkten zu beurteilen.

IV. Die Wirkungen des Notstandsrechtes. — Weil die Notstandshandlung, soweit sie sich innerhalb der Schranken der §§ 228 und 904 hält, rechtmässig ist, hat sie, ebenso wie die Notwehrhandlung, keine Strafe zur Folge. Da es sich bei ersterer lediglich um Eingriffe in fremdes Vermögen handelt, cessieren ihr gegenüber hauptsächlich die §§ 123, 242, 246, 303 des R. Str. G. B. Das Verhältnis des § 54 des Str. G. B. zu den §§ 228, 904 des B. G. B. gestaltet sich künftig so, dass ersterer bestimmt, inwieweit diejenigen Angriffe auf fremde Rechtsgüter, die, weil nicht mehr durch das Notrecht gedeckt, widerrechtlich bleiben, also vor allem die im Notstande zugefügten Körperverletzungen, Tötungen, Freiheitsberaubungen, Nötigungen u. s. w. mit Strafe zu verschonen sind. Für diese Fälle werden also auch fernerhin die dort gezogenen engen Grenzen, insonderheit: das Erfordernis der Unverschuldetheit der Notlage, die Beschränkung des Begriffes auf den Lebens- und Leibesnotstand und die Voraussetzung eigener oder wenigstens der Gefährdung eines Angehörigen massgebend bleiben.

Die rechtmässige Notstandshandlung schliesst ferner die Notwehr des in seinem Vermögen Angegriffenen aus[37]. Insbesondere ist der Besitzer nicht befugt, der im Notstande erfolgenden Besitzes-

---

[37]) Darum würde das vom Reichsgericht, Entsch. in Strafs. Bd. 23 S. 117 gefällte Urteil nach künftigem Rechte ebenso zutreffend sein, als es de lege lata offenbar falsch ist.

störung sich mit Gewalt zu erwehren[38]). Denn jene stellt eben keine verbotene Eigenmacht im Sinne des § 858 Abs. 1 dar. Vielmehr würde, da der Eigentümer den Eingriff in sein Vermögen zu dulden verpflichtet ist, einer etwaigen Widersetzlichkeit desselben gegenüber, dem Notstandsberechtigten das Recht der Selbsthilfe nach § 229 zustehen[39]). Ausserdem würde jener und ebenso jedermann, der einen Anderen in der Ausübung seines Notrechtes behindert, diesem den Schaden, den er dadurch erleidet, nach § 823 Abs. 1 zu ersetzen haben[40]).

Konkurrieren zwei Notstandsrechte derart, dass sowohl der A wie der B sich aus einer drohenden Gefahr nur durch Zerstörung der einen Sache des X retten können, so entscheidet zwischen beiden, wie natürlich, die Prävention. —

Während die in echter Notwehr geschehene Rechtsgüterverletzung immer ersatzfrei blieb, ist an die Ausübung des Notstandsrechtes prinzipiell die Verpflichtung zum Schadensersatze geknüpft. Ausgeschlossen ist dieselbe nach § 228 nur dann, wenn jemand:

1. eine fremde Sache beschädigt oder zerstört, um eine durch diese Sache drohende Gefahr von sich oder einem Anderen abzuwenden; und

---

38) § 904 spricht zwar nur davon, dass der Eigentümer einer Sache nicht berechtigt sein soll, „die Einwirkung eines Anderen auf eine Sache zu verbieten". Aber es ist selbstverständlich, dass dies auch vom Besitzer gilt. Ebenso Endemann, a. a. O. S. 380 Anm. 15.

39) Vgl. u. § 3 unter III. — In Seufferts Archiv, Bd. IV No. 34 findet sich folgender Fall: X wohnt zur Miete in einem Gasthaus zu L. Während seiner Abwesenheit bricht daselbst ein Brand aus. Ein Freund von ihm begiebt sich zur Rettung seiner Effekten mit zwei Markthelfern in das vom Feuer ergriffene Haus, wird aber dort zurückgewiesen, da die Besitzerin des Gasthofs, jene Abteilung des Hauses für nicht bedroht erachtend, ihre Wäsche in das vermietete Zimmer gebracht und eben darum der Haushälterin den Auftrag erteilt hatte, niemandem den Eintritt in dasselbe zu gestatten. Die Effekten des Mieters verbrannten. Die deshalb angestrengte actio ex lege Aquilia utilis wurde abgewiesen, „weil die Besitzerin, als sie den Freund des X zurückwies, nur von ihrem guten Rechte Gebrauch gemacht hätte und derjenige keine injuria begehe, qui suo jure utitur". Würde damals schon das B. G. B. gegolten haben, so hätte sich die Besitzerin nicht darauf berufen können, dass sie vermöge ihres Eigentumsrechtes befugt gewesen sei, jeden Dritten von der Sache auszuschliessen; vielmehr hätte der Nothelfer seinerseits das Recht besessen, den ihm entgegengebrachten Widerstand nötigenfalls mit Gewalt zu brechen und eigenmächtig in das Haus einzudringen.

40) Vgl. o. Kap. 1 Anm. 105.

2. der Handelnde diese Gefahr nicht verschuldet hatte[41]).

Es fragt sich also einmal: wann droht eine Gefahr durch eine Sache? Wir haben es hier mit der vom Gesetzbuche angenommenen misslichen Unterscheidung zwischen defensivem und aggressivem Notstande zu thun, deren Abgrenzung in casu sehr schwierig werden kann[42]). Zwar hat unzweifelhaft § 228 Satz 1 Platz zu greifen und Schadensersatz ist nicht zu leisten, wenn ich ein fremdes Tier töte, das mich angreift; eine fremde Dampfmaschine, die den Lenker verloren hat und auf mich einstürmt, beschädige, oder ein den Berg herunterrollendes Fass, das meinem Besitztume Schaden droht, in Stücke schlage. Aber wie steht es z. B. mit dem Zerschneiden der Ankertaue, in die sich mein Schiff verwickelt hat? Mit dem Niederreissen des Nachbarhauses, um das Übergreifen des Feuers auf mein Haus zu verhindern? Und muss ich Ersatz leisten, wenn ich in der Notwehr die einem Dritten gehörige Waffe dem Angreifer aus der Hand schlage und sie zertrümmere? Unseres Erachtens ist hier darauf zu sehen, ob die Sache die ursprüngliche Quelle der Gefahr darstellt oder ob letztere nur durch ihre Vermittelung droht: dort hat § 228 Satz 1, hier § 904 Anwendung zu finden[43]). Darum keine Verpflichtung zum Schadensersatze, wenn ich in Ausübung meines Notrechtes die mein Schiff aufhaltenden Ankertaue zerschneide, hingegen Schadenshaftung in den beiden anderen soeben erwähnten Fällen[44]).

Ferner ist zur Ersatzfreiheit für die im Notstande erfolgende Rechtsverletzung erforderlich, dass der Handelnde die Gefahr nicht „verschuldet“ hat. Die Gefahr ist aber nur dann eine „verschuldete“, wenn sie als bestimmte Lebenslage voraussehbar war und trotzdem von demjenigen, der sie hätte voraussehen müssen, ohne Rechtsgrund verursacht worden ist. Wenn ein Dieb nicht weiss, dass in einem Hause ein Hund gehalten wird, oder ihn wenigstens

[41]) Wegen der Beweislast vgl. das bei der Notwehr Gesagte (o. § 1, S. 93).

[42]) „Eine Spitzfindigkeit, die nun die Rechtsauslegung mit ganz unnötigen Schwierigkeiten belastet“. Endemann, a. a. O. S. 374 Anm. 6.

[43]) Vgl. zu dem Gesagten Rümelin, a. a. O. S. 94.

[44]) Mit Recht macht Endemann, a. a. O. S. 375 Anm. 7 darauf aufmerksam, dass ein Schaden auch „durch eine Sache drohen“ kann, obwohl diese selbst in ruhendem Zustande verbleibt, oder wenigstens nicht ihrerseits aggressiv vorgeht. Finde ich z. B., dass ein in meinem Stalle untergebrachtes Pferd rotzkrank ist, so darf ich es sicherlich, wenn die übrigen Voraussetzungen des Notrechtes gegeben sind, ersatzlos töten.

mit gutem Grunde in einem anderen Zimmer vermutet und gleichwohl bei dem nächtlichen Eintritt in die Wohnung von der wachsamen Dogge gepackt wird, dann hat er den Notstand wohl verursacht, aber, weil er ihn nicht vorhersehen konnte, auch nicht „verschuldet“: er würde also das Tier ersatzlos töten dürfen[45]. Und ebenso wäre beim Postboten zu entscheiden und zwar bei diesem selbst dann, wenn er weiss, dass auf dem Hofe, den er betreten muss, ein bissiger Hund gehalten wird; denn mag er die Gefahr, die ihm hier droht, auch noch so klar voraussehen: er hat einen Rechtsgrund, sie heraufzubeschwören[46].

Da zur verschuldeten Gefahr die Voraussehbarkeit derselben erforderlich ist, kann § 228 Satz 2 niemals auf Wahnsinnige und Kinder Anwendung finden. Ihre Ausübung des Notrechtes muss also in den Fällen, wo sie die Gefahr durch Zerstörung oder Beschädigung der gefahrdrohenden Sache selbst abwenden, immer ersatzlos bleiben. Unseres Erachtens würde hier aber eventuell eine analoge Verwertung des § 829 zulässig sein. —

Es kommt für den Fortfall der Ersatzpflicht nur darauf an, dass der Handelnde den Notstand nicht verschuldet hat[47]. Dies gilt auch dann, wenn dieser und der Gefährdete nicht identisch sind. Darum hat der Eigentümer keinerlei Ersatzanspruch, wenn sein Hund, von X gereizt, diesen anfällt und darauf vom Nothelfer Y getötet wird; mag letzterer nun den Umstand, dass der Notstand ein verschuldeter gewesen ist, gekannt haben, oder nicht[48]. Hingegen ist

---

[45]) Und ebenso dürfte er sich, wenn er bei seinem Diebstahle von einem ausbrechenden Feuer überrascht würde, durch Zertrümmern der Fenster retten, ohne dieselben ersetzen zu müssen. (Denn hier droht ihm die Gefahr durch die Sache, nämlich durch das Haus, das er beschädigt). Es genügt also für den Begriff der „verschuldeten“ Gefahr nicht, dass irgendwie die Möglichkeit einer solchen vom Handelnden vorausgesehen werden konnte; oder letzterer bei ihrer Verursachung an sich in einer culpa, wie hier z. B. in furto committendo versierte. Vielmehr kommt es nur darauf an, ob die Gefahr in der bestimmten Gestalt, wie sie später eintraf, hätte erkannt werden können oder nicht. Vgl. auch Binding, Handbuch S. 777 f.; Planck, a. a. O. Nr. 4. Zu eng u. E. Endemann, a. a. O. S. 376 Anm. 9.

[46]) Das übersieht v. Liszt, Grenzgebiete zwischen Privatrecht und Strafrecht u. s. w. S. 13.

[47]) Protokolle zur 2. Lesung, S. 503; Reatz, a. a. O. S. 96; Planck, a. a. O.

[48]) Anders nach E I. Hier war das Notrecht überhaupt von der Unverschuldetheit der Notstandslage abhängig gemacht, so dass in unserm Falle die

es zu weit gegangen, wenn Merkel jeglichen Ersatzanspruch auch in dem von ihm gesetzten Beispiel cessieren lässt, dass von zwei Strolchen, die es auf meinen kostbaren Bernhardinerhund abgesehen haben, der Eine das Tier auf den Anderen hetzt, damit dieser es zu seiner Verteidigung niederschiesst. Zwar ist richtig, dass auch hier der Handelnde den Notstand nicht verschuldet und derjenige, der ihn verschuldet, nicht gehandelt hat, mithin § 228 S. 2 nicht Platz greifen kann. Indessen dürften die beiden Kumpane doch wohl aus § 826 und zwar in solidum haftbar werden[49]).

Ebenso wie bei der Notwehr, ist auch hier zu fragen, ob derjenige, der von seinem ihm aus § 228 zustehenden Notrechte Gebrauch gemacht hat, ausserdem noch den Schaden ersetzt verlangen kann, den die gefahrdrohende Sache bereits angerichtet hatte; und ferner, inwieweit er unter Umständen, wenn er im Interesse des Eigentümers die Ausübung des Notrechtes unterlassen und den Schaden auf sich genommen hat, den letzteren ersetzt bekommen kann, auch ohne dass die Voraussetzungen der §§ 823 ff. oder anderer Haftpflichtbestimmungen gegeben sind. Und ebenso wie bei der Notwehr ist auch hier für jene Fälle auf die allgemeinen Grundsätze über den ausserkontraktlichen Schadensersatz und für diese auf die Regeln der negotiorum gestio zu verweisen[50]). —

Handlung des Y eine rechtswidrige und schon deshalb zum Schadensersatz verpflichtende gewesen wäre.

[49]) Mit § 823, den Endemann in einem solchen Falle anwenden will (a. a. O. S. 378), dürfte kaum viel auszurichten sein.

[50]) Was den letzteren Punkt angeht, so war in der Kommission der 2. Lesung — Protokolle S. 502 — der Antrag gestellt worden, dem § 187 E I folgenden Zusatz zu geben: „Ist die zur Abwendung der von der fremden Sache drohenden Gefahr erforderliche Beschädigung oder Zerstörung der fremden Sache unterblieben, so haftet der Eigentümer für den durch dieselbe verursachten Schaden, soweit er dadurch, dass ihre Beschädigung oder Zerstörung unterblieben ist, bereichert ist". Die Kommission „billigte zwar den Antrag als zweckmässig"; lehnte seine Aufnahme in den E aber deshalb ab, weil sie das Gesetzbuch nicht mit kasuistischen Bestimmungen belasten wollte, „welche es verdunkeln und die Handhabung erschweren könnten". — Vgl. auch den Bähr'schen Gegenentwurf § 185 Abs. 2: „Droht jedoch die Gefahr nur einer Sache, die von weit geringerem Werte ist, als die gefahrdrohende Sache, so darf der Bedrohte diese nicht beschädigen oder zerstören, wenn er annehmen kann, dass deren Eigentümer für den ihm drohenden Schaden einzustehen im stande sei. Bleibt in einem solchen Falle die fremde Sache vor Schaden bewahrt, so darf der Beschädigte für die Schädigung seiner Sache Schadensersatz

Abgesehen nun von den jetzt besprochenen Fällen des § 228 S. 1, wo die vom Handelnden nicht verschuldete Gefahr durch die beschädigte Sache selbst gedroht hat, verpflichtet die Ausübung des Notrechtes den Berechtigten immer zum Ersatze des angerichteten Schadens. (§ 228 Satz 2, § 904). Wir haben es hier mit einem wichtigen Falle der Schadensersatzpflicht bei rechtmässiger Handlung zu thun.

Hierbei erhebt sich die schwierige Frage: gegen wen kann der Eigentümer, in dessen Vermögen zur Kehrung des Notstandes eingegriffen worden ist, diesen Ersatzanspruch richten, wenn Handelnder und Gefährdeter verschiedene Personen sind? eine Frage, die vor allem dann grosse praktische Bedeutung gewinnt, wenn der Eine solvent und der Andere insolvent, der Eine im Inlande, der Andere nur im Auslande zu belangen oder einer von beiden überhaupt gänzlich unbekannt ist.

In der Litteratur ist die Frage bereits ein Gegenstand des Streites geworden [51]). Wir meinen, ohne Rücksicht darauf, wie die Antwort de lege ferenda zu lauten hätte, dass nach dem positiven Willen des Gesetzbuches immer nur der Handelnde in Anspruch genommen werden kann. Denn offenbar ist in den §§ 228 und 904 die Schadenshaftung für die im Notstande zugefügte Verletzung als die Folge des aktiven Eingreifens in die Rechtssphäre eines Anderen, nicht als die Konsequenz der passiven Errettung auf fremde Kosten gedacht. Für letzteres, was das Aussergewöhnliche wäre, findet sich nirgends auch nur der geringste Anhaltspunkt im Gesetze. —

Dass die ausschliessliche Haftung des Nothelfers bisweilen zu grossen Härten führen kann, ist klar; kann aber an der lex lata nichts ändern.

Und zwar können diese Härten sich geltend machen einmal in Bezug auf den geschädigten Eigentümer, indem dieser, wie schon erwähnt, mit seinem Ersatzanspruche unter Umständen an einen in-

---

von dem Eigentümer der fremden Sache beanspruchen, auch wenn dieser den Schaden nicht verschuldet hat". — Der Gesichtspunkt der negotiorum gestio ist ausser Acht gelassen von Planck, a. a. O. § 228 Nr. 5.

51) Die Haftung des Nothelfers wird verteidigt von Rümelin, a. a. O. S. 96; die des Geretteten von Endemann, a. a. O. S. 379, der das erhaltene Rechtsgut sogar gleichsam „als dinglich mit der Schadensersatzpflicht belastet" angesehen wissen will! — Vgl. auch Merkel, a. a. O. S. 184 f.

solventen oder vielleicht gar nicht zu beschaffenden Schuldner verwiesen wird, während der aus der Gefahr Gerettete über ein ansehnliches Vermögen verfügt. Rümelin will in solchem Falle dem Eigentümer gegen den letzteren eine condictio sine causa aus § 812 des B. G. B. geben; er meint also, dass die Abwendung der Gefahr auf Kosten des X für den A eine Bereicherung im technischen Sinne bedeute. Er konstruiert damit, ähnlich der Einteilung des Schadens in damnum emergens und lucrum cessans, für den Gewinn die doppelte Form des lucrum emergens und des damnum cessans. Nun geben wir gerne zu, dass in denjenigen Fällen, wo es sich um den Eintritt eines regelmässig wiederkehrenden und darum von vornherein in Rechnung gestellten Schadens handelt, das unerwartete Ausbleiben eines solchen in gewissem Sinne als „Gewinn" betrachtet und wohl auch so gebucht werden kann: deshalb aber das Ausbleiben jeden Schadens, der in concreto hätte eintreten können, aus irgend welchem Grunde aber noch rechtzeitig abgewehrt worden ist, als „Bereicherung" aufzufassen, halten wir für eine unzulässige — hier auch wohl nur zur Korrektur des Gesetzes vorgenommene — Ausdehnung dieses Begriffes, zu der uns der Wortlaut des § 812: „Wer durch die Leistung eines Anderen oder in sonstiger Weise auf dessen Kosten etwas ohne rechtlichen Grund erlangt, ist ihm zur Herausgabe verpflichtet", in keiner Weise ermächtigt. — Wir glauben also nicht, dass dem geschädigten Eigentümer in den fraglichen Fällen nach positivem Rechte irgendwie geholfen werden kann. —

Die Härten unserer obigen Auslegung des § 904 können vor allem aber auch fühlbar werden für den Nothelfer selbst. Seine Ansprüche gegen den Geretteten bestimmen sich nach den Rechtssätzen über die negotiorum gestio. Er könnte also, wenn er dem Ersatzanspruche des Eigentümers Genüge geleistet hat, das Gezahlte nach § 683 des B. G. B. von demjenigen, dem er in der Not geholfen hat, zurückverlangen. Aber wie, wenn dieser insolvent ist? Dann kann es wohl vorkommen, dass der Nothelfer nicht nur diese Auslagen nicht ersetzt bekommt, sondern auch noch die Kurkosten für empfangene Verletzungen tragen und anderen bei der Gestion erlittenen Schaden dauernd auf sich nehmen muss [52]. Das ist gewiss

[52]) Übertrieben ist es aber, wenn v. Liszt, Grenzgebiete etc. S. 9 meint, eine Mutter könne demjenigen, der ihr Kind aus dem brennenden Hause gerettet hat, hinterher noch die Rechnung über zerbrochene Scheiben, beschmutzte

kein befriedigendes Resultat, aber auch hier sehen wir de lege lata keine Möglichkeit der Besserung[53]). Es muss sich eben nach künftigem Rechte derjenige, der edelmütig genug ist, einem Anderen in der Not beizuspringen, mit dem Gedanken der Digesten vertraut machen: culpa est immiscere se rei ad se non pertinenti[54]).

Wir haben oben S. 108 darauf hingewiesen, dass das Notstandsrecht auch dem Unzurechnungsfähigen zuerkannt werden muss, weil es auch unbewusst ausgeübt werden kann. Es möchte nun fraglich erscheinen, ob der Ersatzanspruch aus § 904 auch in diesen Fällen geltend gemacht werden kann. Die Konsequenz zwingt uns dazu, die Frage zu bejahen, wenn dabei auch das seltsame Ergebnis zu Tage tritt, dass wir z. B. dann am leichtesten den durch einen Wahnsinnigen angerichteten Schaden ersetzt bekommen, wenn er im Notstande in unsere Güterwelt eingegriffen hat. —

Die Ansprüche aus § 228 Satz 2 und § 904 unterliegen mangels einer besonderen Bestimmung der gewöhnlichen Verjährung[55]). Ihre Höhe bemisst sich nach den allgemeinen für den Umfang der Schadensersatzpflicht geltenden Regeln[56]). —

Tücher u. s. w. präsentieren. Gegen solche Anforderungen ist der Nothelfer eben durch die Rechtssätze von der auftragslosen Geschäftsführung geschützt. Darum würde z. B. auch ein Menageriebesitzer, der sein eigenes Tier erschiesst, um einen Besucher aus dessen Tatzen zu befreien, keinen Ersatzanspruch haben, weil er ja nicht mehr thut, als was dieser selbst nach § 228 Satz 1 hätte ersatzlos thun dürfen. Anders natürlich, wenn letzterer das Tier mit dem Stocke gereizt hatte.

[53]) An sich wäre es z. B. denkbar, dass dem Richter in einem solchen Falle die Vollmacht gegeben würde, den Schaden auf Eigentümer und Nothelfer zu verteilen. Das B. G. B. kennt aber die freie Bemessung der Schadensersatzansprüche durch richterliches arbitrium nur im Falle des § 829. Vgl. Rümelin, a. a. O. S. 97.

[54]) fr. 36 de regulis juris.

[55]) B. G. B. § 195. Ebenso Endemann, a. a. O. S. 373. — Auch hierin zeigt sich (ebenso wie in der besprochenen Thatsache, dass eventuell auch Unzurechnungsfähige aus § 904 haftpflichtig werden können), dass die Schadenshaftung zufolge Ausübung des Notrechtes mit der Ersatzpflicht aus „unerlaubten Handlungen“ gar nichts zu thun hat.

[56]) B. G. B. §§ 249 ff.

§ 3. Die Selbsthilfe.

I. Unter Selbsthilfe im engeren Sinne versteht man, wie schon öfters erwähnt, die eigenmächtige Anspruchsverwirklichung[1]). In der Regel ist die Verwirklichung der Rechte heutzutage Sache der Obrigkeit; die Vollstreckung der Ansprüche staatliches Reservatrecht[2]). Der Einzelne kann sich darum bei einem widerrechtlichen Eingriffe in die Rechtssphäre eines Anderen nicht auf den Selbsthilfezweck seiner Handlung berufen; letztere verliert durch ihn nicht ihren rechtswidrigen Charakter[3]). Ein eigenmächtiges Zugreifen des Berechtigten ist aber in Ausnahmefällen zulässig. Wir haben es hier mit diesen Ausnahmen nur insoweit zu thun, als sie sich in einem Notstande gründen[4]).

---

[1]) Und zwar immer mittelst aggressiven Vorgehens. Die blosse Nichterfüllung einer Verbindlichkeit z. B. das Anmassen eines Retentionsrechtes kann nicht als Selbsthilfe aufgefasst werden. Ebenso Förster-Eccius, Preussisches Privatrecht I S. 242. Vgl. Seufferts Archiv Bd. XXXV Nr. 176.

[2]) In den bisherigen Rechten glaubte man dies vielfach durch ein besonderes Verbot der Selbsthilfe ausdrücken zu müssen. So z. B. A. L. R., Einleitung § 78; Österr. Bürgerl. Gesetzb. § 19; Württemberg. Gesetz vom 5. Sept. 1839 Art. 12; S. B. G. B. § 179. Vgl. auch den Vorentwurf von Gebhard § 201: „Rechtsverfolgung mittelst Eigenmacht ist, sofern nicht das Gesetz etwas Anderes verordnet, unerlaubt“. Mit Recht bemerkt aber die Denkschrift S. 59: „Ein Verbot der Selbsthilfe ist ohne Bedeutung für die Fälle, in welchen die Selbsthilfehandlung schon an sich unerlaubt ist; unbegründet für die Fälle, in denen die der Selbsthilfe dienende Handlung an sich erlaubt oder nicht unerlaubt ist“. Ähnlich Endemann S. 382 Anm. 1.

[3]) Der E I hatte dies in § 188 besonders hervorgehoben: „Selbsthilfe mittelst Handlungen, die an sich unerlaubt sind, ist unerlaubt, soweit nicht das Gesetz ein Anderes bestimmt“. In der Kommission der 2. Lesung wurde die Vorschrift gestrichen, weil sie „einen wesentlich doktrinären Inhalt habe“. Protokolle S. 481. Vgl. Fischer (in Bekkers und seinen Beiträgen zur Erläuterung und Beurteilung etc., Heft 6) S. 31 f.

[4]) Andere Fälle eigenmächtiger Selbsthilfe finden sich im B. G. B.: im § 561 Abs. 1 (s. oben S. 79); im § 859 Abs. 2 und 3 (s. oben S. 78) und im § 910, demzufolge der Eigentümer eines Grundstückes Wurzeln eines Baumes oder eines Strauches, die von einem Nachbargrundstück eingedrungen sind, abschneiden und behalten kann. Letzteres ist allerdings wohl weniger aus dem Gesichtspunkte der Anspruchsverwirklichung, als aus eigentümlichen Prinzipien des deutschen Rechts (dem sogen. Überhangsrechte) zu erklären. Vgl. Unger, Österr. Privatrecht II S. 343 N. 17. — Ferner bleibt auch in Zukunft ein wichtiger Fall berechtiger Selbsthilfe die nach Landesrecht zum Schutze der Grundstücke und deren Erzeugnisse gestattete Pfändung von Sachen: Einf. Ges. zum

Bei der relativen Vollkommenheit unserer modernen Gerichtsverfassung wird man aber von einem Notstande des Forderungsberechtigten nur dann sprechen können, wenn in einem einzelnen Falle obrigkeitliche Hilfe für den Augenblick nicht gegenwärtig ist, und der mit dem Herbeirufen derselben verbundene Zeitaufwand die Realisierung des Anspruchs ernstlich gefährden würde[5]). Darum bestimmt § 229 des B. G. B.: „Wer zum Zwecke der Selbsthilfe eine Sache wegnimmt, zerstört oder beschädigt oder wer zum Zwecke der Selbsthilfe einen Verpflichteten, der der Flucht verdächtig ist, festnimmt oder den Widerstand des Verpflichteten gegen eine Handlung, die dieser zu dulden verpflichtet ist, beseitigt, handelt nicht widerrechtlich, wenn obrigkeitliche Hilfe nicht rechtzeitig zu erlangen ist, und ohne sofortiges Eingreifen die Gefahr besteht, dass die Verwirklichung des Anspruchs vereitelt oder wesentlich erschwert werde“.

Aus denselben Gründen wie bei der Notwehr und dem Notstande ist auch hier das „nicht widerrechtlich“ des Gesetzes mit „rechtmässig“ zu übersetzen. Der § 229 statuiert also ein Recht zur Selbsthilfe, das sich definieren lässt als die Befugnis, zwecks eigenmächtiger Anspruchsverwirklichung in die Rechtsgüterwelt eines Anderen verletzend einzugreifen. Und auch hier muss aus der unpersönlichen Fassung des Gesetzes gefolgert werden, dass dieses Recht nicht nur dem Inhaber des Anspruches selbst, dem für einen etwaigen Prozess aktiv Legitimierten, sondern jedermann, auch einem beliebigen Dritten zustehen soll[6]). —

II. Die Voraussetzungen dieses Notrechtes sind:

1. Die Existenz eines Anspruchs[7]). Da der § 229 in dieser Beziehung keinerlei Beschränkungen enthält, so ist prinzipiell jeder Anspruch des Schutzes durch Eigenmacht fähig, mag er nun auf eine Geldforderung oder auf eine Individualleistung, auf eine

---

B. G. B. Art. 89. (Ein Verzeichnis der einschlägigen landesrechtl. Bestimmungen findet sich in den Materialien zum 3. Abschnitt des E eines Einf. Gesetzes zum B. G. B. S. 127 und in den Motiven zu demselben S. 180).

[5]) Vgl. oben Seite 21.

[6]) Die Motive I S. 356 lassen die Frage unentschieden. Ein Bedenken, was hier gegen diese Ausdehnung des Notrechtes sprechen würde: dass nämlich der Dritte über Existenz, Umfang und Inhalt des Anspruches sich sehr leicht in einem Irrtume befinden kann, wird vom Gesetzgeber selbst durch den noch zu besprechenden § 231 gehoben.

[7]) Vgl. B. G. B. § 194.

Duldung, Handlung oder Unterlassung gerichtet sein[8]. Gleichgiltig ist auch die materielle causa, auf welcher der Anspruch beruht: er kann einem relativen oder einem absoluten Rechte entstammen; er kann in ersterem Falle vertragsmässig oder ausserkontraktlich entstanden sein; in letzterem seinen Grund haben sowohl im Eigentume oder in einem jus in re, als auch in einem ausschliesslichen Verwertungs- oder Verbietungsrechte. Ich darf also z. B., falls die übrigen Voraussetzungen des § 229 gegeben sind, auch die mir aus dem § 1 des Reichsgesetzes zur Bekämpfung des unlauteren Wettbewerbes zustehenden Ansprüche eigenmächtig realisieren; ebenso das Recht auf Einräumung einer Wegegerechtigkeit dadurch selbständig verwirklichen, dass ich den Widerstand des Verpflichteten unter Umständen mit Gewalt breche[9].

Da das Gesetzbuch nicht die Fälligkeit des Anspruches fordert, so muss die Selbsthilfe zugelassen werden, auch wenn dieser ein betagter oder ein bedingter ist. Diese Konsequenz entspricht einmal der Billigkeit und dem praktischen Bedürfnisse: denn gerade in den Fällen des bedingten und betagten Anspruchs wird die Gefahr, dass seine Verwirklichung vereitelt oder wesentlich erschwert wird, besonders häufig gegeben sein. Sie ist aber, da das Recht der Selbsthilfe ein Analogon bilden muss zu dem staatlichen Vollstreckungsverfahren, zweitens noch aus dem Grunde zu ziehen, weil auch die Zulässigkeit des Arrestes nach C. P. O. § 796 Abs. 2 nicht dadurch ausgeschlossen wird, dass der Anspruch ein betagter ist; eine Bestimmung, die in der Wissenschaft des Prozessrechtes allgemein auf die resolutiv bedingten Ansprüche ausgedehnt wird[10]. Hingegen ist es nach geltendem Rechte allerdings bestritten, ob auch der suspensiv bedingte Anspruch arrestfähig sei[11]. Für

---

[8]) Was insbes. den Anspruch auf Besitzübertragung resp. -Rückübertragung angeht, so kommen hierfür noch die über den § 229 hinausgehenden Befugnisse der §§ 561 und 859 Abs. 2 und 3 in Betracht. Vgl. Anm. 4. — Über die Grenze von Selbsthilfe und Selbstverteidigung siehe oben S. 79 f.

[9]) Hatte ich den Rechtsbesitz schon erlangt, so steht mir gegen solchen Widerstand die Notwehr zu. Vgl. oben S. 76 Anm. 14.

[10]) Vgl. Wilmowski-Levy, Civilprozessordnung für das deutsche Reich § 796 Nr. 4.

[11]) Hat der Berechtigte pendente condicione einen Anspruch auf Sicherstellung, so ist dieser Anspruch natürlich ein unbedingter und kann darum ganz unzweifelhaft des Schutzes durch Selbsthilfe teilhaftig werden.

die Zukunft wird die Kontroverse verschwinden, falls der vorläufig projektierte hierauf bezügliche Zusatz zum § 796 der C. P. O. Gesetzeskraft erlangen sollte [12]). —

2. Ferner ist Voraussetzung des Selbsthilferechts, dass obrigkeitliche Hilfe nicht rechtzeitig zu erlangen ist. Inwieweit dies im einzelnen Falle zutrifft, ist natürlich quästio facti. Jedenfalls ist es immer ausgeschlossen, wenn die Umstände noch die Erwirkung eines richterlichen Arrestbefehls oder einer einstweiligen Verfügung ermöglichen [13]). Hingegen muss Selbsthilfe dann statthaft sein, wenn die Obrigkeit zwar gegenwärtig ist, aber jedes Thätigwerden in meiner Sache ablehnt. So hat z. B. auch das Reichsgericht ihre Zulässigkeit in einem Falle anerkannt, wo ein von dem Anspruchsberechtigten herbeigerufener Schutzmann jegliche Hilfeleistung zu Unrecht versagte [14]).

3. Es muss die Gefahr bestehen, dass ohne die Selbsthilfe die Verwirklichung des Anspruchs vereitelt oder wesentlich erschwert wird [15]). Wann dies der Fall ist, dürfte ebenfalls lediglich Thatfrage sein. Das Erfordernis wird z. B. als vorhanden angenommen werden müssen, wenn der Schuldner im Begriffe steht, mit der letzten Barschaft zu entfliehen; wenn er Anstalten trifft, Deckungsmittel bei Seite zu schaffen und zu verbergen; wenn er unmässig zu verschwenden beginnt; wenn begründete Befürchtung vorliegt, dass ohne

---

[12]) Derselbe lautet: „Die Zulässigkeit des Arrestes wird nicht dadurch ausgeschlossen, dass der Anspruch ein betagter oder bedingter ist, es sei denn, dass der bedingte Anspruch wegen der entfernten Möglichkeit des Eintrittes der Bedingung einen gegenwärtigen Vermögenswert nicht hat. Bedingt im Sinne dieser Vorschrift ist ein Anspruch auch dann, wenn die Bedingung bereits entschieden, das Ergebnis aber noch nicht bekannt ist“. Auch die letzten Gesichtspunkte würden analog für das Recht der Selbsthilfe zu verwerten sein.

[13]) Durch Ablehnung eines Arrestgesuches würde u. E. das Recht zur Selbsthilfe an und für sich noch nicht cessieren. Vielmehr muss sie, die übrigen Erfordernisse als gegeben vorausgesetzt, jedenfalls dann als zu Recht erfolgt angesehen werden, wenn sich hinterher ergiebt, dass die Ablehnung des Gesuches thatsächlich ungerechtfertigt gewesen ist.

[14]) Rechtsprechung des Reichsgerichts in Strafs. Bd. III S. 416.

[15]) A. L. R. Einleitung § 78 und die gemeinrechtliche Jurisprudenz fordern ausserdem noch, dass der drohende Verlust ein „unwiederbringlicher“ sei. Stobbe, Handbuch I S. 662 Anm. 2; Windscheid, Pandekten I S. 351. Dernburg, Preuss. Privatr. I S. 257 Anm. 3. Mit Recht hat das B. G. B. dies Erfordernis fallen gelassen.

die Selbsthilfe im Auslande vollstreckt werden muss. (Vgl. C. P. O. § 797 Abs. 2.) Hingegen ist kein Grund zur Selbsthilfe die allgemeine Unsicherheit des Schuldners, seine drohende oder vorhandene Insolvenz, die Möglichkeit eines alsbald ausbrechenden Konkurses und die Furcht vor der damit verbundenen Konkurrenz der Rechte anderer Gläubiger[16]. —

Ein viertes Erfordernis scheint das Gesetzbuch durch die Worte: „Wer zum Zwecke der Selbsthilfe eine Sache wegnimmt etc.“ dahin aufgestellt zu haben, dass die sich als Ausübung des Selbsthilferechtes manifestierende Handlung auch von der Tendenz der Anspruchsverwirklichung getragen sein muss. Hiernach würde es denkbar sein, dass, obgleich die bisher besprochenen Voraussetzungen der berechtigten Selbsthilfe sämtlich vorgelegen haben, trotzdem ein Eingriff in die Rechtssphäre eines Anderen nicht als rechtmässig angesehen werden kann, lediglich aus dem Grunde, weil der Handelnde vielleicht von der Existenz seines Anspruches oder dessen Gefährdung nichts wusste. Es würde also eine objektiv betrachtet rechtmässige Handlung allein durch den subjektiven Irrtum des Handelnden zu einer rechtswidrigen werden können. Da dies kaum der Wille der Rechtsordnung sein dürfte, so muss auch § 229, ebenso wie die §§ 227 und 228 dahin ausgelegt werden, dass für rechtmässig jede Handlung zu gelten hat, die, rein objektiv angesehen, zur Sicherung des gefährdeten Anspruches erforderlich gewesen ist. Hiernach würde nichts im Wege stehen, eventuell auch die Handlung eines Unzurechnungsfähigen als in Ausübung des Selbsthilferechts erfolgt, gelten zu lassen. —

Fraglich mag erscheinen, ob die Voraussetzungen des § 229 dadurch ersetzt werden können, dass der Verpflichtete dem Berechtigten vertragsmässig die Befugnis zur eigenmächtigen Anspruchsverwirklichung eingeräumt hat[17]. Durch eine derartige freiwillige Unterwerfung des Schuldners unter die Eigenmacht des Gläubigers würde

---

[16]) Darum keine berechtigte Selbsthilfe in dem vom Reichsgericht Entsch. in Strafs. Bd. I S. 193 mitgeteilten Falle, wo ein X, um sich bezahlt zu machen, seinem Schuldner Y eigenmächtig einen Wagen wegnimmt, weil er fürchtet, im Konkurse desselben mit seiner Forderung von 300 Mk. ganz oder teilweise durchzufallen. Vgl. auch R. G. in Civils. Bd. 3 S. 416; Seuff. Archiv XXXVIII Nr. 83.

[17]) Ein Beispiel findet sich in den Entscheid. des R. G. in Strafs. Bd. 7 Seite 64.

für diesen ein Anspruch auf Duldung derselben von seiten des ersteren begründet werden. Nun ist aber auch die Verwirklichung solcher Rechte, welche den Schuldner verpflichten, die Vornahme einer Handlung zu dulden, gemäss § 775 der C. P. O. prinzipiell Sache des Staates. Darum darf der Gläubiger auch für den Fall, dass der Schuldner sich der eigenmächtigen Anspruchsverwirklichung vertragsmässig unterworfen haben sollte, schliesslich aber sich dem Gebrauche der Eigenmacht widersetzt, nur insoweit selbständig d. h. ohne Hilfe der Obrigkeit den Widerstand desselben zu überwinden versuchen, als in casu die Voraussetzungen des § 229 gegeben sind[18].

Fraglich könnte ferner sein, ob mein Recht zur Selbsthilfe auch dann besteht, wenn zwar die Verwirklichung meines Anspruchs Gefahr läuft, vereitelt oder wesentlich erschwert zu werden, meine eventuelle Ersatzforderung aber vollkommen gesichert ist[19]. — Da weder im wirtschaftlichen noch im Rechtsleben Erfüllung und Schadensersatz als gleichwertig behandelt werden, letzterer vielmehr immer nur als eine Art des Notbehelfs und als ein Surrogat der ersteren erscheint, so ist u. E. kein Grund vorhanden, dem Gläubiger in solchen Fällen seine ihm aus § 229 zustehenden Rechte zu nehmen[20]. Nur dann, wenn dieser sie lediglich zu dem Zwecke benutzt, um dem Verpflichteten einen Schaden zuzufügen, würde der Richter allerdings von § 226 des B. G. B. Gebrauch zu machen haben.

III. Für den Inhalt des Selbsthilferechtes muss es der leitende Gedanke des Gesetzgebers gewesen sein, dem Berechtigten im Falle der Not diejenigen, aber auch nur diejenigen Befugnisse zur Sicherung seines Anspruches zu gewähren, welche die Obrigkeit gehabt hätte, wenn ihr rechtzeitiges Einschreiten noch möglich gewesen wäre[21]. Diesem Prinzipe entsprechend werden die noch manche Zweifel übrig lassenden Bestimmungen des Gesetzbuches aus den analogen Paragraphen der C. P. O. ergänzt werden müssen. Hiernach dürfte im einzelnen zu sagen sein:

1. Handelt es sich für den im Notstand Befindlichen um eine Geldforderung, so darf er zweifellos dem seine letzte Barschaft

---

[18]) Ebenso für das gemeine Recht: Regelsberger, Pandekten S. 676.

[19]) Vgl. Motive I S. 355.

[20]) Ebenso Planck, a. a. O. §§ 229 Nr. 2b.

[21]) Vgl. Protokolle der 2. Lesung, 36. Sitzung S. 483; Reatz, a. a. O. S. 96; Greiff in Conrads Jahrbüchern etc. Bd. 57 S. 722; Denkschrift S. 59.

mit sich führenden und auf der Flucht begriffenen Schuldner dieselbe abnehmen, soweit es die Sicherung seines Anspruches verlangt[22]). Hat letzterer zwar kein Geld, aber sonstige Deckungsmittel bei sich, so muss jenem auch der Zugriff auf diese gestattet sein. Sucht der Schuldner Deckungsmittel zu verschleppen oder zu verbergen, so darf der Gläubiger zwecks Festhaltung derselben eventuell auch andere Sachen des Schuldners zerstören oder beschädigen: z. B. um in gewisse Räume oder Behältnisse zu gelangen, Schlösser erbrechen oder Fenster einschlagen etc.[23]). Dass der Schaden, den er hierdurch anrichtet, in einem Verhältnis zu der Höhe seiner Forderung steht, ist hier ebensowenig, wie bei der in Notwehr erfolgenden Rechtsverletzung notwendig. Hingegen sind dem eigenmächtigen Zugriff des Gläubigers diejenigen bei dem Schuldner befindlichen Deckungsmittel entzogen, welche geeigneten Falles auch der Zwangsvollstreckung nicht unterliegen würden[24]).

2. Geht der Anspruch auf Herausgabe einer Sache, so darf sie der Berechtigte, auch hier, wenn erforderlich, unter eventueller Zerstörung oder Beschädigung anderer Sachen, dem Verpflichteten abnehmen; falls es sich um Immobilien handelt, ihn des Besitzes entsetzen[25]).

Schliesslich ist zum Schutze der unter 1 und 2 genannten An-

---

[22]) Liegen die Voraussetzungen berechtigter Selbsthilfe nicht vor, so bleibt die eigenmächtige Wegnahme von Geld, auch wenn auf dasselbe ein begründeter Anspruch besteht, eine widerrechtliche Handlung, u. z. da § 242 des Str. G. B. das Erfordernis der gewinnsüchtigen Absicht nicht kennt, Diebstahl. Anderer Meinung das Reichsgericht: Entscheid. in Strafs. Bd. 2 S. 185 und Dernburg, Pandekten (5. Aufl.) I S. 297 Anm. 13 und Preuss. Privatr. I S. 258 Anm. 6. — Eine andere Frage natürlich ist es, ob der Betreffende straflos bleiben muss, weil er irrtümlicherweise die Einwillligung des Schuldners in die Wegnahme des Geldes voraussetzte.

[23]) Aber immer nur, soweit es sich um Sachen des Schuldners handelt. Der Eingriff in das Eigentum dritter Personen bleibt auch hier nur insoweit statthaft, als in casu die Voraussetzungen des Notstandsrechtes im engeren Sinne gegeben sind.

[24]) Denn sie unterliegen auch dem Arreste nicht. Vgl. Wilmowski-Levy § 796 Nr. 2.

[25]) Vgl. auch § 859 Abs. 2 und 3 des B. G. B. Es darf also der Vermieter, wenn die Wohnung nach Ablauf der Mietszeit nicht geräumt wird und die sonstigen Voraussetzungen des Selbsthilferechts gegeben sind, den Mieter eigenmächtig exmittieren.

sprüche auch der Eingriff in die Freiheit des Schuldners gestattet, wenn derselbe der Flucht verdächtig ist und seine Festnahme zur Sicherung des Anspruches erforderlich ist[26]).

Leistet der Verpflichtete gegen die Ausübung meines Selbsthilferechtes Widerstand, so habe ich

3. wie überhaupt immer, wenn ein Anspruch auf die Vornahme einer Handlung in Frage steht, die der Andere zu dulden verpflichtet ist, die Befugnis, diesen Widerstand nötigenfalls mit Gewalt zu beseitigen[27]). Und zwar darf ich mich hierbei nicht nur gegen das Vermögen des Verpflichteten wenden (z. B. die Mauer, die der zur Einräumung einer Wegegerechtigkeit Verpflichtete aufgerichtet hat, niederreissen); sondern es muss mir auch erlaubt sein, zur Überwindung des Widerstandes die Person des letzteren selbst, seinen Körper, eventuell auch sein Leben anzugreifen. Freilich werden sich diese Mittel wohl nicht allzu häufig als „erforderlich" erweisen[28]).

Immerhin sind die Rechte nicht gering, welche das Gesetzbuch zur Sicherung eines Anspruchs für den Fall der Not gegeben hat. Dass die dem Einzelnen gewährte Befugnis zur Eigenmacht auch ihre grossen Gefahren für die Rechtsordnung hat, liegt auf der Hand. Das B. G. B. sucht die letzteren dadurch zu mildern, dass es:

---

[26]) Das Erfordernis der Fluchtverdächtigkeit ist erst von der Reichstagskommission in das Gesetzbuch hineingebracht worden. Die Regierungsvorlage § 223 hatte es nicht. Vgl. den Bericht der Reichstagskommission in den Drucksachen des Reichstags 9. Legislaturperiode 4. Session Nr. 440 S. 54.

[27]) Hieraus folgt a potiori, dass auch in der Zwangsvollstreckung durch den Gerichtsvollzieher die Duldung einer Handlung nicht bloss indirekt durch die in § 775 der C. P. O. bezeichneten Strafmittel, sondern auch unmittelbar erzwungen werden kann. — Vgl. auch Wilmowski-Levy, C. P. O. § 777.

[28]) Hingegen darf der Einzelne nicht die Verpflichtung des Schuldners, bestimmte Handlungen vorzunehmen oder zu unterlassen (C. P. O. §§ 773, 774, 775), durch gewaltsame Nötigung des letzteren erzwingen wollen, u. z. nach dem oben aufgestellten Prinzipe einfach aus dem Grunde nicht, weil auch den staatlichen Organen in diesen Fällen eine solche Befugnis nicht zusteht. Anders der E I. Er hatte dem Gläubiger auch dieses weitgehende Recht eingeräumt. Die hierauf bezügliche Vorschrift des § 189 wurde von der Kommission der 2. Lesung gestrichen. Vgl. Reatz, a. a. O. S. 96 und Greiff, a. a. O. S. 722; Protokolle S. 482. — Wohl aber bedeutet die Verpflichtung des Schuldners, eine bestimmte Handlung vorzunehmen, für den Gläubiger insofern einen auch des Schutzes durch Selbsthilfe fähigen Anspruch, als er auch hier den der Flucht verdächtigen Schuldner festnehmen kann, um sich die Zwangsvollstreckung aus § 774 zu sichern.

1. demjenigen, der von dem Rechte der Selbsthilfe Gebrauch gemacht hat, befiehlt:

a) im Falle der Wegnahme von Sachen, sofern nicht Zwangsvollstreckung erwirkt wird, den dinglichen Arrest zu beantragen [29]).

b) im Falle der Festnahme des Verpflichteten, sofern er nicht wieder in Freiheit gesetzt wird, den persönlichen Sicherheitsarrest bei dem Amtsgerichte zu beantragen, in dessen Bezirke die Festnahme erfolgt ist; und den Verpflichteten unverzüglich dem Gerichte vorzuführen [30]).

Wird der Arrestantrag verzögert oder abgelehnt, so hat die Rückgabe der weggenommenen Sachen und die Freilassung des Festgenommenen unverzüglich zu erfolgen [31]). — Und zwar muss dies auch für den Fall gelten, dass die Ablehnung des Arrestantrages materiell ungerechtfertigt sein sollte. Denn es handelt sich hier um eine der Ausübung des Selbsthilferechts vom Gesetzbuche definitiv gezogene Schranke [32]). —

2. wird das Recht zur Eigenmacht dadurch in engen Grenzen gehalten, dass § 230 Abs. 1 bestimmt: „die Selbsthilfe darf nicht weiter gehen, als zur Abwendung der Gefahr erforderlich ist.“ Kann ich also meinen Anspruch durch die Wegnahme von Sachen sichern, so darf ich den Schuldner auch dann seiner Freiheit nicht berauben, wenn er der Flucht verdächtig sein sollte. Dass ihm niemals mehr Sachen weggenommen werden dürfen, als zur Realisierung des Anspruches notwendig ist, dürfte als selbstverständlich erscheinen [33]).

---

[29]) B. G. B. § 230 Abs. 2. — Soll Zwangsvollstreckung erwirkt werden, so müssen nätürlich die Voraussetzungen derselben bereits vorliegen oder wenigstens ohne weiteren Aufenthalt zu beschaffen sein.

[30]) § 230 Abs. 3. — Über Verfahren und Wirkung des Arrestes vgl. C. P. O. §§ 800 ff. Das Nähere hierüber gehört in das Prozessrecht. Vgl. ferner Str. P. O. § 128 Abs. 1 und zu dem Begriffe „unverzüglich“ B. G. B. § 121.

[31]) § 230 Abs. 4. Eventuell aber kann der Berechtigte die Sache auf Grund des § 273 Abs. 2 retinieren.

[32]) Anders in dem oben Anm. 13 gedachten Falle. — Das Selbsthilferecht wird also gewissermassen durch den einmaligen Gebrauch konsumiert. Es kann wenigstens in Ansehung derselben Forderung, gegen denselben Schuldner und mit Bezug auf dieselben Objekte nicht wiederholt ausgeübt werden, und zwar weder durch den Gläubiger selbst noch durch eine dritte Person.

[33]) Hingegen ist nicht erforderlich, dass der Wert des arripierten Gegenstandes die Höhe meines Anspruches nicht übersteigt. Habe ich z. B. eine Forderung auf 100 und kann ich dieselbe nicht anders sichern, als dass ich dem

IV. Die Wirkungen des Selbsthilferechtes. — Die Ausübung berechtigter Selbsthilfe ist, weil eine rechtmässige Handlung, immer straffrei [34]). Soweit es sich bei ihr um Eingriffe in fremdes Vermögen handelt, cessieren insbesondere die §§ 123, 242 und 303 des R. Str. G. B. [35]); und soweit sie sich gegen die Person des Verpflichteten selbst richtet, vor allem die §§ 239 und 240 über die Freiheitsberaubung und Nötigung. Ferner ist gegen sie die Notwehr ausgeschlossen und eine innerhalb der Grenzen des Selbsthilferechtes erfolgte Besitzesstörung oder Besitzesentziehung ist keine verbotene Eigenmacht im Sinne des § 858 des B. G. B. Endlich hat der in Ausübung des Selbsthilferechts geschehene Eingriff in die Rechtssphäre eines Anderen keine Verpflichtung zum Schadensersatze zur Folge [36]).

Aber alle diese Wirkungen treten nur insoweit ein, als eine Handlung auch wirklich in vollem Umfange durch die §§ 229 ff. des B. G. B. gedeckt ist. Soweit dies nicht der Fall ist, sei es nun, weil die Vorraussetzungen des § 229 nicht vorlagen, oder weil die angewandten Mittel sich bei nachträglicher Prüfung nicht als erforderlich erwiesen haben (es sind z. B. dem Schuldner mehr Sachen abgenommen worden, als zur Sicherung des Anspruches notwendig waren) oder sei es, weil der Gläubiger den Zugriff auf unpfändbare Sachen gerichtet oder den Arrestantrag verzögert oder nach Ablehnung seines Arrestgesuches die abgenommenen Gegenstände nicht unverzüglich zurückgegeben hat; soweit aus irgend einem Grunde also die Grenzen des Selbsthilferechtes überschritten sind, haben für die Beurteilung der betreffenden Handlung, sowohl in Ansehung der Strafe als der Ersatzpflicht, die allgemeinen Grundsätze Platz zu greifen [37]); aller-

---

Schuldner, der eben fliehen will, seine goldene Uhr entreisse, so bleibt die Handlung rechtmässig, auch wenn diese einen Wert von 300 repräsentieren sollte.

[34]) Auch dieses Verhältnis ist von der Judikatur nicht durchgehends richtig erfasst worden. Vgl. z. B. Oppenhoff, Die Rechtsprechung des Obertribunals in Strafsachen Bd. 9 S. 426, wo sich der Satz findet: „Die vom Gesetz gestattete Selbsthilfe kann nie zu einer durch die Strafgesetze verbotenen Handlung berechtigen!"

[35]) Auch eine Urkundenunterdrückung — § 274 No. 1 des R. Str. G. B. — kann eventuell durch das Selbsthilferecht legalisiert werden. Vgl. als Beispiel hierfür Entscheid. des R. G. in Strafs. Bd. 16 S. 150.

[36]) Es gilt hier analog das bei der Notwehr Gesagte.

[37]) Lässt also z. B. jemand nach Ablehnung seines Arrestgesuches den festgenommenen Schuldner nicht unverzüglich frei, so macht er sich einer Freiheitsberaubung nach § 239 des Str. G. B. schuldig.

dings mit einer wichtigen Ausnahme, welche das Gesetzbuch im Sinne einer Verschärfung der Schadenshaftung getroffen hat. Der § 231 bestimmt nämlich, dass derjenige, welcher eine Selbsthilfehandlung vornimmt in der irrigen Annahme, „dass die für den Ausschluss der Widerrechtlichkeit erforderlichen Voraussetzungen vorhanden seien", dem anderen Teile zum Schadensersatze verpflichtet sein soll, „auch wenn der Irrtum nicht auf Fahrlässigkeit beruht".[38]) Die Materialien begründen diese Singularität damit, dass derjenige, welcher von dem exzeptionellen Rechte der Selbsthilfe Gebrauch macht, dies auf seine Gefahr thun müsse[39]). Darum hat er den angerichteten Schaden ohne Rücksicht auf eine culpa zu ersetzen. Wenn aber auch nicht mit einer Haftung aus Verschulden, so haben wir es hier doch jedenfalls mit einer solchen aus „unerlaubter Handlung" zu thun. Und darum muss u. E. der Ersatzanspruch des § 231 auch der kurzen Verjährungsfrist des § 852 Absatz 1 unterworfen werden. —

[38]) Vgl. die projektierten Zusätze zu den §§ 274, 563, 655, 822 der C. P. O. Denkschrift S. 503. — Endemann, a. a. O. S. 384 Anm. 7 wirft die Frage auf, ob nicht auch Strafbarkeit eintreten müsse, soweit nach § 231 die Schadensersatzpflicht besteht. Wir verstehen offengestanden diese Frage nicht recht. Denn jene beiden Rechtsfolgen sind doch von einander völlig unabhängig. Ob eine, nicht mehr durch das Selbsthilferecht gedeckte und darum rechtswidrig bleibende Handlung, straflos sein soll, hängt lediglich davon ab, ob in casu die Voraussetzungen des § 59 des Str. G. B. gegeben sind, oder nicht. Sind sie vorhanden, so fällt die Kriminalstrafe weg, ohne Rücksicht darauf, inwieweit noch eine Verpflichtung zum Schadensersatze zufolge § 231 des B. G. B. bestehen bleibt.

[39]) Denkschrift Seite 60.

Druck von Pöschel & Trepte in Leipzig.

Thesen.

I.

Das Recht der Notwehr ist ein subjektives Privatrecht und muss daher im Civilrechte abgehandelt werden.

II.

Trotz fr. 29 § 3 ad leg. Aquil. 9, 2 ist nach modernem Rechte der im Notstande einem Anderen zugefügte Schaden zu ersetzen.

III.

Universitas delinquere non potest.

IV.

In cap. 12 X de poenis 5, 37 ist der Verlust des Patronates als ipso jure eintretend gedacht.

V.

Der Anspruch im materiellrechtlichen Sinne, die actio des gemeinen Rechtes, ist nur mittelbar der Gegenstand des einzelnen Civilprozesses.

Lebenslauf.

Ich, Friedrich Emil Heinrich Titze bin am 23. Oktober 1872 zu Berlin geboren, als Sohn des Verlagsbuchhändlers Adolf Titze und seiner Ehefrau Jenny Titze, geb. Doctor. Ich gehöre der evangelisch-lutherischen Konfession an. Im Jahre 1878 verlegten meine Eltern ihren Wohnsitz nach Leipzig. Hier besuchte ich zunächst vier Jahre die Elementarschule und darauf neun Jahre das Königliche Gymnasium, das mich Ostern 1892 mit dem Zeugnis der Reife zur Universität entliess. Nach einem ersten Studiensemester in Heidelberg genügte ich vom 1. Oktober 1892 bis 30. September 1893 meiner Militärpflicht bei dem Kgl. Sächs. 8. Infanterie-Regiment „Prinz Johann Georg" No. 107. Hierauf studierte ich weitere fünf Semester (2 Heidelberg, 1 Berlin, 2 Leipzig) Jurisprudenz. Am 16. Juli 1896 bestand ich vor der Königlichen Prüfungskommission in Leipzig das erste juristische Staatsexamen. — Zur Fortsetzung meiner Studien ging ich im folgenden Winter noch einmal nach Berlin, wo ich die Vorlesung des Herrn Professor Eck über das neue Bürgerliche Gesetzbuch hörte und an den Seminarübungen der Herren Professoren Brunner und Pernice teilnahm. Am 15. Juni 1897 bestand ich vor der juristischen Fakultät der Königl. Friedrich-Wilhelms-Universität zu Berlin das Rigorosum. Seit dem 25. Juni 1897 arbeite ich als Referendar am Königl. Amtsgericht in Leipzig.

Während meiner Studienzeit habe ich neben den rechtswissenschaftlichen Vorlesungen und Übungen auch historische und nationalökonomische Kollegien besucht und zwar insgesamt bei den Herren Professoren und Doktoren: Bekker, Binding, Brunner, Bücher, Buhl, Eck, Kuno Fischer, Fricker, Friedberg, Geffcken, Gierke, Heinze (†), Hübler, Karlowa, Georg Meyer, Müller, Pernice, von Treitschke (†), Schmoller, Schröder, Sohm, Stein, Strohal, Wach und Adolph Wagner.

Allen meinen hochverehrten Herren Lehrern bin ich zu grösstem Danke verpflichtet, insbesondere Herrn Geh. Justizrat Prof. Dr. Eck für die freundliche Anregung zu vorstehender Arbeit.

FSC
www.fsc.org
MIX
Papier | Fördert gute Waldnutzung
FSC® C083411

Kolibri 360 GmbH
Ferdinand-Jühlke-Straße 7
99095 Erfurt, Deutschland
produktsicherheit@kolibri360.de